庄子诵读本

「中华诵·经典诵读行动」读本编委会 编
米晓燕 注释

中華書局

图书在版编目(CIP)数据

庄子诵读本 / “中华诵·经典诵读行动”读本编委会编. —北京：中华书局，2012.8
(“中华诵·经典诵读行动”读本系列)
ISBN 978-7-101-08370-5

Ⅰ. 庄… Ⅱ. 中… Ⅲ. ①道家②庄子—通俗读物
Ⅳ. B223.5-49

中国版本图书馆 CIP 数据核字(2011)第 235135 号

书　　名	庄子诵读本
编　　者	“中华诵·经典诵读行动”读本编委会
注　　释	米晓燕
丛 书 名	“中华诵·经典诵读行动”读本系列
责任编辑	祝安顺　孙永娟
出版发行	中华书局 (北京市丰台区太平桥西里 38 号 100073) http://www.zhbc.com.cn E-mail:zhbc@zhbc.com.cn
印　　刷	北京天来印务有限公司
版　　次	2012 年 8 月北京第 1 版 2012 年 8 月北京第 1 次印刷
规　　格	开本 /787×1092 毫米　1/16 印张 9¼　插页 2　字数 200 千字
印　　数	1-10000 册
国际书号	ISBN 978-7-101-08370-5
定　　价	17.00 元

出版说明

读经典的书，做有根的人。雅言传承文明，经典浸润人生。诵读中华经典，是四至十二岁学生学习中华传统文化的有效方式，也是中央文明办、教育部、国家语委主办的“中华诵·经典诵读行动”大力推动的一项校园文化建设活动。

四至十二岁是人生的黄金时期，也是人生记忆的黄金阶段，这个时期诵读一定量的中华经典，不仅有助于锻炼、提高记忆力，提升学生的语文素养，学习做人、做事的基本常识，更有助于提高学生的思维水平。

为了满足广大学生、家长和教师诵读中华经典的学习需求，我们组织相关专家、学者和一线教师，编辑出版了这套“中华诵·经典诵读行动”读本。本系列图书有下述基本特点：

一、内容系统全面。

本系列图书选取蒙学经典、儒家经典、诸子百家、历史名著、经典诗文等三十八种，分四辑出版。有些经典内容过多，我们选择那些流传较广、思想深刻的篇章编成选本；有些诗文，则根据学生的学习需要进行了汇编。

二、导读言简意赅，诵读专业科学。

每本图书的正文前都有“内容导读”和“诵读指导”。“内容导读”包括对经典的成书过程、作者和作品思想等方面的综述，“诵读指导”则请播音专业的专家从朗诵角度对每本书诵读时的语气、重点和感情变化等进行指导。

三、底本权威，大字拼音，注释实用。

底本采用权威的通行本，正文原文采用三号楷体大字，符合学生阅读习惯，保护学生视力；字上用现代汉语拼音注音，拼音的标注以《汉语大字典》注音为准，在语流中发生变调的，一律标注本来的声调；页下附有难字、难词、难句注释，注释尽量参照最新研究成果，语言简洁通俗，表述精准易懂。

四、备有诵读示范音频资料，提供免费下载。

部分图书备有由专业播音员、主持人和配音演员诵读的全本或选本的示范音频资料；条件成熟时，我们会提供一线教师的部分篇章的吟诵音频资料，供家长和教师、学生借鉴学习。鉴于光盘在运输途中容易发生损坏，我们仅提供网上免费下载诵读音频的服务。如需要图书音频资料，请购书读者将个人姓名、手机号、邮箱、所购书目、购书地点等信息发送至 songduben@126.com，即可获得该图书音频的下载网址。

关于本系列图书的使用，我们的建议和体会是：小切入，长坚持，先熟诵，后理解，家校共读出成效。

首先，家长、教师要了解经典著作的原文大意、难点注解，其中的名言警句或典故也要事先知晓大概，以便在孩子问询时能够予以帮助。

其次，家长、教师每日选择百字左右的诵读内容，带领孩子反复诵读。次日复读昨日内容，然后再开始新的内容，在学习新知识时不断温故，巩固熟读效果。

第三，在诵读时可采取听我读、跟我读、慢慢读、快快读、接力读等多种诵读形式，让孩子在集体的氛围中感受到学习的乐趣。

第四，教师或家长可将诵读内容做成卡片或活页，以便携带，随时复习，随时巩固。

第五，家校联手，逐次做好孩子的诵读记录。记录卡可以有诵读篇目、开始的时间、熟读的次数，还可以附上自我评价分数，家长、教师评价分数，读伴评价分数，调动一切因素激励学生熟读成诵。

本系列图书，从经典著作版本的选择到文本注音、注释的审定，都力求做到精准，但错误之处在所难免，请专家和读者批评指正。

中华书局编辑部

2012年6月

目　录

内容导读

《庄子》中的思想主张与文学特质

米晓燕

庄子是我国先秦时期伟大的思想家、哲学家和文学家。作为哲学家，他继承并发扬了老子开创的道家思想，对中国古代哲学与思想产生了重要影响，后世将他与老子并称为“老庄”，其哲学为“老庄哲学”；作为文学家，他以超尘脱俗的思想，塑造了诡谲奇特的形象，形成了汪洋恣肆的文风，具有回环往复的诗性魅力，其散文成就高居先秦诸子散文之首。

他曾做过蒙地的漆园小吏，后隐居于“穷闾陋巷”，以织履糊口谋生，过着极为清贫的生活。但他贱视朝政，鄙薄富贵，拒入仕途，安于贫困，著书立说。《秋水》记载，一次，楚王派人请庄子总理朝政，正在钓鱼的他却仍然从容垂钓，甚至连头都不回一下。

“道”是庄子哲学中最核心的范畴，庄子哲学的全部体系都在这一中心命题上建构。庄子的“道”是无始无终、实有而无形、自然而永恒的，是神秘莫测的，具有永恒性、超越性、普遍性、无差别性、无目的性。

庄子创立了相对主义学说，提出了“齐物”的思想。他认为，任何事物都是相对的，所谓贵贱、大小、有无、是非、善恶等种种差异，都是由于人们采用的标准不同，是人们心中的成见，在“道”的面前，它们根本没有彼此区分的界限，所谓“自其异者视之，肝胆楚越也；自其同者视之，万物皆一也”(《德充符》)。在他看来，一切事物都没有质和量的规定性：没有大小之分，泰山与秋毫大小无别；没有时间之别，殇子的短命与彭祖的长寿是相同的。至于大知和小知、大年和小年、大鹏与小虫也都是一样的。

庄子主张“法天贵真”、“复归于朴”，以“自然为宗”。庄子也主张要恬淡无为，安时处顺。《秋水》中通过寓言说明，自己愿意效法在泥潭里爬行的龟，自由自在地生活。《人间世》讲支离疏虽是形体残疾，却悠然自得，顺乎天然。庄子还反对人为约束，主张恢复自然本性。他在《马蹄》篇中愤怒谴责“治马”的伯乐、“治埴”的陶者和“治材”的匠人。庄子的这一思想与后世“崇尚自然”的美学思想虽有很大的不同，但对后者的形成有着直接的影响，则是不容置疑的。

庄子反对战争，在他看来，黄帝之所以不能达到至德，原因就在于“与蚩尤战于涿鹿之野，流血百里”。因而在政治上，庄子主张“无所用天下为”。庄子虽主张“无为”，并入于虚无，但他并未真正忘怀政治，而是心系天下。他曾对尧舜以来统治者的残暴行为一一加以痛斥，《列御寇》揭露宋王的残暴，《则阳》揭露秦王、卫灵公的腐朽，《说剑》鞭笞赵文王以杀人为乐的行为，都深刻尖锐。在《德充符》中，庄子形容当时人们的处境是“游于羿之彀中。中央者，中地也；然而不中者，命也”。在《胠箧》篇中，他把一切“有国者”比喻为最无耻的大盗，把“王权”比喻成大盗们掠夺的赃品，愤怒地宣告：“窃钩者诛，窃国者为诸侯，诸侯之门而仁义存焉！”

庄子追求自由与超脱的人生，这种思想最集中地表现在《逍遥游》中。“逍遥”一词是庄子首创，所谓逍遥游就是抛弃一切物累和一切拘束，自由自在，任性而游。庄子认为，宇宙中巨如大鹏，细如雾气，都是不自由的，因为它们都有所待，即有所凭借。只有无所待，做到“无己”、“无功”、“无名”，即“无我”，排除一切功利目的，排除一切人为的桎梏，清静无为，自由自在，才能达到逍遥游的境界。但是，庄子企图超越客观条件的制约，追求绝对的精神自由，这实际上是不可能实现的。可以说，庄子的人生就是体认“道”的人生。庄子的体道人生，也是一种艺术的人生。而其哲学思想的表现形式，具有明显的文学特质。对此，鲁迅先生在《汉文学史纲要》中高度评价道：“其文则汪洋辟阖，仪态万方，晚周诸子之作，莫能先也。”

《庄子》散文想象丰富，构思奇特，气象壮阔，意境瑰玮。如《逍遥游》，文章以描写神奇莫测的大鲲、巨鹏开端，开头就向我们展示了一幅神奇的画卷：“北冥有鱼，其名为鲲。鲲之大，不知其几千里也。化而为鸟，其名为鹏。鹏之背，不知其几千里也；怒而飞，其翼若垂天之云。是鸟也，海运则将徙于南冥。”北海有一条“不知其几千里”的大鱼，这鱼之大，已够惊人了，而忽然又变化为鸟，更使人感到惊奇莫测。而这只大鸟飞起来“翼若垂天之云”，向南飞时要到九万里的高度，景象多么壮阔！鱼之大、鸟之大、变化之奇都让人惊叹作者的想象力。而谁又能想到这“不知其几千里”的鲲，其实只是一种鱼苗哩！正像在蜗牛角上的两国战争，由大而小，也表现出其想象的丰富和构思的奇特。再如，《秋水》篇写那种浩渺苍茫的景象，“秋水时至，百川灌河。泾流之大，两涘渚崖之间，不辩牛马”，充满浓厚的浪漫主义色彩，表现了无穷的想象力，给读者留下了无尽的回味。

《庄子》散文还善于比喻，擅长形象思维，生动活泼，巧用寓言，形象奇幻，他的文章含蓄蕴藉，富于变化，余音袅袅，韵味无穷。他常常把深刻的哲理形象地寓于虚妄的故事之中，在一种超现实的艺术氛围里巧妙地表达自己的观点，表明自己的态度，让读者从他所创造的奇特荒诞、生动形象的寓言故事中，去体悟其中的哲理。据统计，《庄子》中有二百多则寓言故事，仅《庄子·内篇》的7篇就使用了近50则寓言故事，如《养生主》全文五段，只有第一段总论养生之道，其余四段讲述庖丁解牛、右师一足、泽雉、秦失吊老聃、薪尽火传，均是寓言或比喻。《庄子》寓言幽默奇幻，构思奇妙。如触氏与蛮氏在蜗牛左右两只角上发生的“伏尸数万”的“触蛮之战”（《则阳》）；任公子垂钓，“为大钩巨缁，五十犗以为饵，蹲乎会稽，投竿东海”，竟有大鱼食之，使得“白波若山，海水震荡，声侔鬼神，惮赫千里”（《外物》）。楚国郢都有人鼻尖上有一“蝇翼”般白色灰点，却“使匠石斫之”，本已奇；“匠石运斤成风，听而斫之，尽垩而鼻不伤”，又奇；而郢人竟“立不失容”更奇！

另外，《庄子》散文的语言汪洋恣肆，丰富多彩，用语犀利，辛辣幽默，具有强烈的艺术效果和很高的审美价值。

《庄子》是我国先秦时期主要的哲学和文学著作，在中国文学史、哲学史、美学史和思想史诸多方面，都占有极其重要的地位，产生了深远影响。

据《汉书·艺文志》记载，《庄子》共有52篇。到了晋代郭象注《庄子》时，只剩下33篇，即内篇7、外篇15、杂篇11，流传至今的33篇《庄子》即是郭象注本。一般认为，内篇为庄子自己所作，外篇和杂篇为其后学所作。本书选择了《庄子》内篇中的全部7篇文章，节选了外篇和杂篇中21篇的部分段落，加以注音与简释，以方便诵读与理解。选文的标准是，内篇有深入学习和研究的必要，因此全篇尽收；其他各篇则本着故事脍炙人口、流传深广、具有现实意义和启发意义、能够体现道家思想的精髓和表现庄子散文特色的原则，加以收录。另外，在节选篇章的时候，注意了节选段落的相对完整性。

《庄子》的哲学思想和文学表现最具创造力，在儒家严整的规矩与佛家严峻的禁欲之间，给中国的读书人提供了一块可以自由呼吸的空间，是率性的，是顺应自然的；在保全自由“生命”的过程中，尽了最大的心力，它的思想意义和文学表现方法值得我们学习与借鉴。

（作者单位：辽宁师范大学）

诵读指导

《庄子》诵读中的智慧与浪漫

李洪岩

庄子是战国中期的哲学家，其十余万言的代表作《庄子》不仅反映了道家学说的观点和哲学思想，而且文采绰约，充满浪漫色彩，在中国古代文学史上也有极高的声誉。《庄子》中的名篇有《逍遥游》、《齐物论》、《养生主》、《秋水》等，著作中有不少为人所传诵的名章、名句及寓言。

《庄子》的文章精妙且富于文采，但不少段落理解起来却有难度。诵读时，如能在整体上把握庄子的思想观点、处世主张、浪漫的文学风格，并且注意分析理解其中的寓言，则有助于透过其玄奥的宏论来把握该著作的精神内核。

首先，《庄子》探讨了人的生存境界，诵读时应体会神通天地、天人合一的精神状态。

“天人合一”是中国古代文人特别是道家学派经常论及的生存境界，说起来玄而又玄，但其实质则表明了一种关系，一种人和自然和谐相处、宇宙万物间互相依存的有机关系。用现代的观点来看，就是万物之间不是对立、冲突的，而是互补、融合的，尤其是人与自然之间的关系更需协同，因为人与自然之间本来就不是截然分开的。庄子认为，“天地一指也，万物一马也”（《齐物论》），指与非指、马与非马不易分辨，“一指”、“一马”代表了天地万物同质的共通概念，万物都有它们的共同性。

不仅如此，面对天地间同质的事物，庄子又主张“清静无为”，任之发展，“是以圣人和之以是非，而休乎天钧，是之谓两行”（《齐物论》），大意是说，圣贤之人应该让不同的事物之间和谐相处，使其符合自然均衡的道理，这就是任由不同的事物各自发展的道理。

这种将人道、世道与天道融合的观念是老庄思想的核心，“唯达者知通为一”（《齐物论》），只有精神世界通达之人才知道万事万物是合一的。就诵读而言，诵读者应该悉心体会这种神通天地、天人合一的境界，在诵读基调上应该有平和通达之气韵，在内心感受上应该有天地在我心的雄浑之感，在语气上应该文脉通顺、语流畅达，在节奏上应该舒展自然、张弛有度，总之是将内心感受与外部表达相协调、相统一，从微观到宏观都追求浑然一体的身心体验。

其次，《庄子》中处处都包含着朴素的哲学辩证法思想，诵读时应表明文意，挖掘深意。

比如《逍遥游》中以喻中设喻的手法将风与鹏的关系比喻为水与舟的关系，“且夫水之积也不厚，则其负大舟也无力。覆杯水于坳堂之上，则芥为之舟；置杯焉则胶，水浅而舟大也”，意思是说，水少则无法承载舟船，如果将一杯水倒在厅堂低洼之处，那么小草就可以像小船一样漂浮其上。但是，如果将草放在杯子里，那么草就无法漂浮了，因为水太浅而舟船相对来说太大了。这一点明白之后，则接下来所说的风太小则无法承担起大鹏展翅翱翔之力的道理也就一目了然了。这段文字不仅富于哲理，而且逻辑性很强，层层推进，以喻设喻，诵读时应注意将小的语句归并为相对大一些的层次，层次内部体现其有机连贯性，层与层之间则体现或并列或递进的关系，从而形成很强的逻辑力和有效的说服力。

再比如，《秋水》中大家耳熟能详的“汝安知鱼乐”的机智辩论，更体现了一种极强的逻辑性。庄子看到鲦鱼出游从容，于是感慨“是鱼之乐也”，惠子则质疑说“子非鱼，安知鱼之乐”，庄子反驳说“子非我，安知我不知鱼之乐”，这一轮辩论凸现出了庄子和惠子各自的智慧和机敏，之后几个回合的辩论则更将这种机变之锋体现得淋漓尽致。诵读这类文字时，当结合我们所熟知的议论文的诵读方法，保证观点明确，态度明朗，逻辑严密，论证有力，在机智雄辩过程中体现辩证的思想和逻辑的力量。

第三，《庄子》文学风格峰峦奇崛，笔法挥洒自如，诵读时应控纵随心，体现其浪漫主义色彩。

鲁迅先生曾评价《庄子》“其文汪洋辟阖，仪态万方，晚周诸子之作，莫能先也”（《汉文学史纲要》）。的确，《庄子》一书中既有叙述又有论理，既有描摹又有解说，加之写景、状物、讲故事，甚至将自己也编排在故事中，如庄子哭妻、庄周梦蝶等，在毫无约束的文笔中又时时不忘表达自己的哲学观点、处世主张，妙笔生花，游刃有余。

比如《逍遥游》中的一段文字：“北冥有鱼，其名为鲲。鲲之大，不知其几千里也。化而为鸟，其名为鹏。鹏之背，不知其几千里也；怒而飞，其翼若垂天之云。是鸟也，海运则将徙于南冥。南冥者，天池也。"文字骈散并用，读来层次清晰，节奏回环，有抑扬顿挫、起伏错落的音乐美感。其中，"怒而飞，其翼若垂天之云"一句里，"怒"的情态、"垂天之云"的形态都如在目前，诵读时尤其要加以强调，以使精准的文字化为音声，展现情景和韵味。

第四，《庄子》善用寓言表明观点，诵读时应注意挖掘故事与寓意之间的关系。

庄子的文章想象力丰富，文笔变化莫测，在行文当中会突然出现寓言故事，而这些故事又深刻地反映了庄子的观点主张。比如《山木》讲了一个故事，阳子到宋国，寄宿旅店。店主人有两个妾，一个美、一个丑。丑的尊贵而美的卑贱。阳子问其中的缘故，旅店的伙计回答说："那美的自以为美，我却不明白她哪里美；那丑的自以为丑，我也看不出她哪里丑。"作为故事，讲到这里原本也就结束了，而文章接下来加以引申，并用阳子的话说："弟子记之：行贤而去自贤之行，安往而不爱哉！"意思是说，躬行贤达而抛弃自以为贤达的做法，到哪里不受人爱戴呢？仅一句话，却深刻挖掘了为人行事的道理，并将叙事与明理之间的关系紧密结合起来。这则寓言的诵读，应将前边的叙事与后边的讲理先做区分，即叙事要以事明人，有讲述感和交流感，引人入胜；讲理要以理服人，有思考、有观点，发人深思，前后搭配，张弛有度。

《庄子》中寓言运用俯拾皆是，说其十之有九也不夸张。大家非常熟悉的庖丁解牛、望洋兴叹、螳臂当车、相濡以沫等不仅是寓言，且已成为人们常用的成语。寓言的诵读基本上要遵循上文所说的以事明理的结构思路。

《庄子》文章不易懂的一个很重要的原因，是其文多有玄妙深奥的文字，谈天人、谈神境、谈养气、谈玄机。如果希望将这些文字都一一坐实进行解释，那么"达"则"达"矣，却不"信"了。那么，该如何诵读这部充满了哲学思辨精神和文学色彩的经典著作呢？这又回到了文章开头所说——整体把握。了解了庄子其人和《庄子》其神，则应明了作品具有洒脱浪漫、汪洋辟阖、动以叙事、静以说理、虚实相生等风格特征，诵读时以此来驾驭，应该大体可以把握作品总的特点。随着诵读的深入，我们也会逐步深入地体会到这部经典的精髓。

（作者单位：中国传媒大学播音主持艺术学院）

xiāo yáo yóu

逍遥游

běi míng yǒu yú qí míng wéi kūn kūn zhī dà bù zhī qí jǐ qiān lǐ yě
北冥有鱼①，其名为鲲②。鲲之大，不知其几千里也。
huà ér wéi niǎo qí míng wéi péng péng zhī bèi bù zhī qí jǐ qiān lǐ yě nù ér
化而为鸟，其名为鹏③。鹏之背，不知其几千里也；怒而
fēi qí yì ruò chuí tiān zhī yún shì niǎo yě hǎi yùn zé jiāng xǐ yú nán míng
飞④，其翼若垂天之云⑤。是鸟也⑥，海运则将徙于南冥⑦。
nán míng zhě tiān chí yě
南冥者，天池也⑧。

qí xié zhě zhì guài zhě yě xié zhī yán yuē péng zhī xǐ yú nán
《齐谐》者⑨，志怪者也⑩。《谐》之言曰：“鹏之徙于南
míng yě shuǐ jī sān qiān lǐ tuán fú yáo ér shàng zhě jiǔ wàn lǐ qù yǐ liù yuè xī
冥也，水击三千里⑪，抟扶摇而上者九万里⑫。去以六月息
zhě yě yě mǎ yě chén āi yě shēng wù zhī yǐ xī xiāng chuī yě tiān zhī cāng
者也⑬。”野马也⑭，尘埃也⑮，生物之以息相吹也⑯。天之苍
cāng qí zhèng sè yé qí yuǎn ér wú suǒ zhì jí yé qí shì xià yě yì ruò
苍⑰，其正色邪⑱？其远而无所至极邪⑲？其视下也，亦若

①北冥：北海。冥通“溟”，指海。 ②鲲：鱼卵，这里借指大鱼名。 ③鹏：代指大鸟名。 ④怒：振奋，奋力，这里形容鼓动翅膀的样子。 ⑤翼：翅膀。垂天之云：天边的云彩。垂，边远、边际。 ⑥是：此，这。 ⑦海运：指海的运动，海的运动必然兴起大风，大鹏就借着风力展翅飞翔。徙：迁移。南冥：南海。 ⑧天池：天然形成的大水池。 ⑨《齐谐》：书名，出于齐国，内容多记载诙谐怪异，今已不存。 ⑩志怪：记载神奇怪异。 ⑪水击：即击水，指大鹏起飞时双翅拍击水面。 ⑫抟：环绕、盘旋的意思。扶摇：自下而上的旋风。 ⑬去：离开，指离开北海飞向南海。息：气息，这里指风。 ⑭野马：雾气。野外升腾浮动的雾气如野马奔驰，所以称“野马”。 ⑮尘埃：空中游动的灰尘。 ⑯生物：指空间活动的有生机之物。息：气息。 ⑰苍苍：深蓝色。 ⑱正色：本来的颜色。 ⑲至极：穷尽。

shì zé yǐ yǐ
是则已矣[1]。

qiě fú shuǐ zhī jī yě bù hòu zé qí fù dà zhōu yě wú lì fù bēi shuǐ yú
且夫水之积也不厚[2]，则其负大舟也无力[3]。覆杯水于
ào táng zhī shàng zé jiè wéi zhī zhōu zhì bēi yān zé jiāo shuǐ qiǎn ér zhōu dà yě
坳堂之上[4]，则芥为之舟[5]；置杯焉则胶[6]，水浅而舟大也。
fēng zhī jī yě bù hòu zé qí fù dà yì yě wú lì gù jiǔ wàn lǐ zé fēng sī zài
风之积也不厚，则其负大翼也无力[7]。故九万里，则风斯在
xià yǐ ér hòu nǎi jīn péi fēng bēi fù qīng tiān ér mò zhī yāo è zhě ér hòu nǎi
下矣[8]，而后乃今培风[9]；背负青天而莫之夭阏者[10]，而后乃
jīn jiāng tú nán
今将图南[11]。

tiáo yǔ xué jiū xiào zhī yuē wǒ xuè qǐ ér fēi qiāng yú fāng shí zé bù
蜩与学鸠笑之曰[12]：“我决起而飞[13]，抢榆枋[14]，时则不
zhì ér kòng yú dì ér yǐ yǐ xī yǐ zhī jiǔ wàn lǐ ér nán wéi shì mǎng cāng
至而控于地而已矣[15]，奚以之九万里而南为[16]？”适莽苍
zhě sān cān ér fǎn fù yóu guǒ rán shì bǎi lǐ zhě xiǔ chōng liáng shì qiān lǐ
者[17]，三飡而反[18]，腹犹果然[19]；适百里者，宿舂粮[20]；适千里
zhě sān yuè jù liáng zhī èr chóng yòu hé zhī
者，三月聚粮[21]。之二虫又何知[22]！

---

①其：指大鹏。若是：像这样。 ②且夫：表示承接的连词，提起下文，表示进一步论述。积：蓄积，积聚。厚：多，深厚。 ③负：承载。 ④覆：倾倒。坳堂：厅堂的低洼之处。坳，坑洼处。 ⑤芥：小草。 ⑥置：放置。胶：粘住，不动，类似于船在水中搁浅。 ⑦“风之积”句：风积蓄的力量如果不强大，那么他承载大鹏鸟的翅膀就没有力量。 ⑧斯：乃，就。 ⑨而后乃今：然后才开始。培：凭借，依赖。 ⑩莫之夭阏：没有什么能够阻拦它。莫，没有什么。夭阏，阻止。 ⑪图南：图谋向南飞。 ⑫蜩：蝉。学鸠：斑鸠鸟。笑之：讥笑大鹏。 ⑬决起：迅速飞起的样子。 ⑭抢：碰到，撞上。榆：榆树。枋：檀树。 ⑮时：有时。控：投，指落下，落到地面上。 ⑯奚以：哪里用得着。之：往，到。 ⑰适：到……去。莽苍：本指郊野的迷茫之色，这里指郊野。 ⑱飡：同“餐”。三飡：指三顿饭，一天的时间。反：同“返”，返回。 ⑲果然：很饱的样子。 ⑳宿：夜，这里指前一天晚上。舂：用杵在臼中捣去米的外皮。 ㉑聚：积蓄，准备。 ㉒之：此，这。二虫：指寒蝉和学鸠，古时通称动物为虫。何知：知何，懂得什么。

xiǎo zhì bù jí dà zhì xiǎo nián bù jí dà nián xī yǐ zhī qí rán yě zhāo

小知不及大知[1]，小年不及大年[2]。奚以知其然也？朝

jūn bù zhī huì shuò huì gū bù zhī chūn qiū cǐ xiǎo nián yě chǔ zhī nán yǒu míng líng

菌不知晦朔[3]，蟪蛄不知春秋[4]，此小年也。楚之南有冥灵

zhě yǐ wǔ bǎi suì wéi chūn wǔ bǎi suì wéi qiū shàng gǔ yǒu dà chūn zhě yǐ bā qiān

者[5]，以五百岁为春，五百岁为秋；上古有大椿者[6]，以八千

suì wéi chūn bā qiān suì wéi qiū cǐ dà nián yě ér péng zǔ nǎi jīn yǐ jiǔ tè wén

岁为春，八千岁为秋，此大年也[7]。而彭祖乃今以久特闻[8]，

zhòng rén pǐ zhī bù yì bēi hū

众人匹之[9]，不亦悲乎！

tāng zhī wèn jí yě shì yǐ tāng wèn jí yuē shàng xià sì fāng yǒu jí hū jí

汤之问棘也是已[10]：汤问棘曰："上下四方有极乎？"棘

yuē wú jí zhī wài fù wú jí yě qióng fà zhī běi yǒu míng hǎi zhě tiān chí yě

曰："无极之外，复无极也。穷发之北有冥海者[11]，天池也。

yǒu yú yān qí guǎng shù qiān lǐ wèi yǒu zhī qí xiū zhě qí míng wéi kūn yǒu niǎo

有鱼焉，其广数千里，未有知其修者[12]，其名为鲲。有鸟

yān qí míng wéi péng bèi ruò tài shān yì ruò chuí tiān zhī yún tuán fú yáo yáng jiǎo ér

焉，其名为鹏，背若泰山，翼若垂天之云，抟扶摇羊角而

shàng zhě jiǔ wàn lǐ jué yún qì fù qīng tiān rán hòu tú nán qiě shì nán míng

上者九万里[13]，绝云气[14]，负青天[15]，然后图南，且适南冥

yě chì yàn xiào zhī yuē bǐ qiě xī shì yě wǒ téng yuè ér shàng bù guò

也[16]。斥鴳笑之曰[17]：'彼且奚适也[18]？我腾跃而上[19]，不过

---

①知：通"智"，智慧。不及：不如，赶不上。②小年：寿命短。年，寿命。③朝菌：一种朝生暮死的菌类植物。晦：阴历每月最后一天。朔：阴历每月的第一天。④蟪蛄：又名蝭蟧（tí láo），春生夏死或夏生秋死。春秋：指一整年。商代和西周前期一年只分春秋两季，所以说蟪蛄"不知春秋"，即它的寿命活不过一整年。⑤冥灵：海中灵龟，寿命很长。⑥大椿：椿树，传说中的神树。⑦此大年也：这四字原通行本没有，是据近人考证，根据上下文的意思补上去的。⑧彭祖：传说中的长寿之人，一般说彭祖活了八百岁。乃今：而今，如今。特：独。闻：闻名，著称。⑨匹之：和他相比。匹，匹配，引申为比较。⑩汤：商汤，商朝第一代国君。棘：商朝大夫，商汤任他为师，《列子》中作夏革。是已：就是这样。⑪穷发：不生草木的地方。发，指草木。⑫修：长。⑬羊角：旋风，因风向上回旋如羊角，所以这样说。⑭绝：穿过，超越。⑮负：背靠。⑯且：将要。⑰斥鴳：生活在小池泽的一种小雀。⑱奚适：到哪里去。⑲腾跃：飞腾跳跃。

shù rèn ér xià　　áo xiáng péng hāo zhī jiān　　cǐ yì fēi zhī zhì yě　　ér bǐ qiě xī

数仞而下①，翱翔蓬蒿之间②，此亦飞之至也③。而彼且奚

shì yě　　cǐ xiǎo dà zhī biàn yě

适也？’”此小大之辩也④。

gù fú zhì xiào yī guān　　xíng bǐ yī xiāng　　dé hé yī jūn ér zhēng yī guó

故夫知效一官⑤，行比一乡⑥，德合一君而徵一国

zhě　　qí zì shì yě yì ruò cǐ yǐ　　ér sòng róng zǐ yóu rán xiào zhī　　qiě jǔ shì

者⑦，其自视也亦若此矣⑧。而宋荣子犹然笑之⑨。且举世

ér yù zhī ér bù jiā quàn　　jǔ shì ér fēi zhī ér bù jiā jǔ　　dìng hū nèi wài zhī

而誉之而不加劝⑩，举世而非之而不加沮⑪，定乎内外之

fēn　　biàn hū róng rǔ zhī jìng　　sī yǐ yǐ　　bǐ qí yú shì wèi shuò shuò rán yě

分⑫，辩乎荣辱之境⑬，斯已矣⑭。彼其于世未数数然也⑮。

suī rán　　yóu yǒu wèi shù yě　　fú liè zǐ yù fēng ér xíng　　líng rán shàn yě　　xún yòu

虽然，犹有未树也⑯。夫列子御风而行⑰，泠然善也⑱，旬有

wǔ rì ér hòu fǎn　　bǐ yú zhì fú zhě　　wèi shuò shuò rán yě　　cǐ suī miǎn hū

五日而后反⑲。彼于致福者⑳，未数数然也。此虽免乎

xíng　　yóu yǒu suǒ dài zhě yě

行㉑，犹有所待者也㉒。

ruò fú chéng tiān dì zhī zhèng　　ér yù liù qì zhī biàn　　yǐ yóu wú qióng zhě

若夫乘天地之正㉓，而御六气之辩㉔，以游无穷者㉕，

---

①仞：古代长度单位，周制八尺为一仞。②翱翔：飞翔。蓬蒿：飞蓬和蒿草，这里指野草。③飞之至：飞翔的最理想境界。至，极。④辩：通“辨”，区别。⑤知：通“智”，才智。效：功效，此为胜任之意。⑥行：品行。比：亲近，团结。⑦徵：即“征”，信，取信。⑧其：代词，指上述四种人。自视：自己看自己。若此：如同斥鴳类小鸟一样。⑨宋荣子：即宋鈃（jiān），战国时宋人，思想家，与尹文合称宋尹学派。学说源出道家，近于墨家。子，古代对男子的尊称。犹然：讥笑的样子。⑩且：发语词。举世：整个社会。誉：赞扬。劝：奋勉，努力。⑪非：责难，非议。沮：沮丧，颓废。⑫定：确定。内：指自我。外：指他人，外物。⑬辩：通“辨”，辨别。境：界限。⑭斯已矣：如此而已。⑮数数然：急急忙忙的样子。⑯树：建立，建树。未树：指境界上还没达到忘我的程度。⑰列子：列御寇，郑人，与庄子同时，思想相近。御风：乘风，驾风。传说列子曾遇仙人，传授给他法术，能够乘风而行。⑱泠然：轻妙的样子。善：妙，是说列子的御风技术很好。⑲旬：十天。有：通“又”。旬有五日：指十五天。反：同“返”。⑳致：追求。㉑免乎行：免于步行。㉒待：凭借，依靠。意思是列子必须依靠风力的推动，未能超然物外。㉓乘：驾驭，掌握，顺应。天地之正：自然万物的正常规律。正，本性，规律。㉔六气之辩：自然界的各种变化。六气，指阴、阳、风、雨、晦、明。辩，即“变”，变化。㉕无穷：指不受任何时间、空间限制的超然境界。

bǐ qiě wū hū dài zāi gù yuē zhì rén wú jǐ shén rén wú gōng shèng rén

彼且恶乎待哉[1]！故曰，至人无己[2]，神人无功[3]，圣人

wú míng

无名[4]。

yáo ràng tiān xià yú xǔ yóu yuē rì yuè chū yǐ ér jué huǒ bù xī qí yú

尧让天下于许由[5]，曰："日月出矣，而爝火不息[6]，其于

guāng yě bù yì nán hū shí yǔ jiàng yǐ ér yóu jìn guàn qí yú zé yě bù yì

光也，不亦难乎！时雨降矣，而犹浸灌[7]，其于泽也[8]，不亦

láo hū fū zǐ lì ér tiān xià zhì ér wǒ yóu shī zhī wú zì shì quē rán

劳乎[9]！夫子立，而天下治，而我犹尸之[10]，吾自视缺然[11]。

qǐng zhì tiān xià

请致天下[12]。"

xǔ yóu yuē zǐ zhì tiān xià tiān xià jì yǐ zhì yě ér wǒ yóu dài zǐ wú

许由曰："子治天下，天下既已治也[13]。而我犹代子，吾

jiāng wéi míng hū míng zhě shí zhī bīn yě wú jiāng wéi bīn hū jiāo liáo cháo yú shēn

将为名乎？名者实之宾也[14]。吾将为宾乎？鹪鹩巢于深

lín bù guò yī zhī yǎn shǔ yǐn hé bù guò mǎn fù guī xiū hū jūn yú wú suǒ

林[15]，不过一枝；偃鼠饮河[16]，不过满腹。归休乎君，予无所

yòng tiān xià wéi páo rén suī bù zhì páo shī zhù bù yuè zūn zǔ ér dài zhī yǐ

用天下为！庖人虽不治庖[17]，尸祝不越樽俎而代之矣[18]。"

---

①恶乎：于何，在哪里。 ②至人：是庄子理想中最高尚的人。这种人超然物外，无所凭借，甚至忘掉自我，与天地万物相始终。无己：忘掉自己。 ③神人：神化之人。无功：超脱功利。 ④圣人：有学识道德高尚的人。无名：不求名利。 ⑤许由：尧时的隐士。传说尧要把帝位传给他，他不接受，逃到了箕山。 ⑥爝火：火把。息：后来写作"熄"，熄灭。 ⑦浸灌：人工灌溉。 ⑧泽：滋润，指庄稼的滋润。 ⑨劳：徒劳无益。尧将许由比作日月、时雨，将自己比作爝火、浸灌，来说明让位的原因。 ⑩尸：指徒居其位，有名无实。 ⑪缺然：指不够资格做君主的样子。 ⑫请致天下：请允许我把天下交给你。致，送。 ⑬既已：已经。 ⑭名其实之宾也：名称是从属于实际的。宾，从属，附属物。 ⑮鹪鹩：巧妇鸟，善于筑巢。巢：动词，筑巢。这是以鹪鹩自比，以森林比天下。 ⑯偃鼠：即鼹鼠，常在田中穿穴，好饮河水。这是以鼹鼠自比，以河水比天下。 ⑰庖人：厨师。庖：厨房。 ⑱尸祝：主祭者，在祭祀中对神主致祝词的人。樽：酒器。俎：古代祭祀时盛牛羊等祭品的器具。这是比喻庖人和尸祝应各在其位，不能相互代替。成语"越俎代庖"即出于此。

jiān wú wèn yú lián shū yuē wú wén yán yú jiē yú dà ér wú dàng wǎng ér
肩吾问于连叔曰[1]："吾闻言于接舆[2]，大而无当，往而

bù fǎn wú jīng bù qí yán yóu hé hàn ér wú jí yě dà yǒu jìng tíng bù jìn
不返[3]。吾惊怖其言，犹河汉而无极也[4]；大有径庭[5]，不近

rén qíng yān
人情焉。"

lián shū yuē qí yán wèi hé zāi
连叔曰："其言谓何哉？"

yuē miǎo gū yè zhī shān yǒu shén rén jū yān jī fū ruò bīng xuě chuò yuē
"曰：'藐姑射之山[6]，有神人居焉[7]，肌肤若冰雪，绰约

ruò chǔ zǐ bù shí wǔ gǔ xī fēng yǐn lù chéng yún qì yù fēi lóng ér yóu hū
若处子[8]；不食五谷[9]，吸风饮露；乘云气，御飞龙，而游乎

sì hǎi zhī wài qí shén níng shǐ wù bù cī lì ér nián gǔ shú wú yǐ shì kuáng
四海之外[10]。其神凝，使物不疵疠而年谷熟[11]。'吾以是狂

ér bù xìn yě
而不信也[12]。"

lián shū yuē rán gǔ zhě wú yǐ yù hū wén zhāng zhī guān lóng zhě wú yǐ yù
连叔曰："然！瞽者无以与乎文章之观[13]，聋者无以与

hū zhōng gǔ zhī shēng qǐ wéi xíng hái yǒu lóng máng zāi fú zhì yì yǒu zhī shì
乎钟鼓之声。岂唯形骸有聋盲哉[14]？夫知亦有之[15]。是

qí yán yě yóu shì rǔ yě zhī rén yě zhī dé yě jiāng páng bó wàn wù yǐ wéi
其言也[16]，犹时女也[17]。之人也，之德也，将旁礴万物以为

---

①肩吾、连叔：均为庄子虚构的人物。②接舆：春秋时期楚国的隐士，《论语》中称他为狂人。③大而无当：言辞夸诞而没有根据。往而不返：无法回到主题。④河汉：银河。无极：没有尽头。⑤径庭：差别悬殊，这是说非常荒诞。径指门外小路，庭指堂前之地，两者相差很远。⑥藐姑射：传说中神山的名。⑦焉：在那里。⑧绰约：形容体态美好。处子：处女，少女。⑨五谷：指稻、黍、稷、菽、麦五种作物。⑩御：驾驭。四海：古代中国的四周环海而称四海，这里指天下。⑪神凝：精神专注。疵疠：疾病。年谷：指代庄稼。⑫狂：通"诳"，欺骗。信：诚实。⑬瞽者：盲人。与：参与，欣赏。文章：文采。观：动词用作名词，华丽的色彩。⑭岂唯：难道只是。形骸：身体。⑮知亦有之：知通"智"，智力，思想。思想也有缺陷。⑯是其言：指上面说的思想上的聋子和瞎子。⑰犹时女也：好像这说的就是你啊！时，通"是"，此，这。女，同"汝"，你。

yī　shì qí hū luàn　shú bì bì yān yǐ tiān xià wéi shì　zhī rén yě　wù mò zhī

一[1]，世蕲乎乱[2]，孰弊弊焉以天下为事[3]！之人也，物莫之

shāng dà jìn jī tiān ér bù nì　dà hàn jīn shí liú　tǔ shān jiāo ér bù rè　shì

伤，大浸稽天而不溺[4]，大旱金石流[5]、土山焦而不热。是

qí chén gòu bǐ kāng　jiāng yóu táo zhù yáo shùn zhě yě　shú kěn fēn fēn rán yǐ wù

其尘垢秕糠[6]，将犹陶铸尧舜者也[7]，孰肯分分然以物

wéi shì

为事[8]！”

sòng rén zī zhāng fǔ ér shì zhū yuè　yuè rén duàn fà wén shēn　wú suǒ yòng zhī

宋人资章甫而适诸越[9]，越人断发文身[10]，无所用之。

yáo zhì tiān xià zhī mín　píng hǎi nèi zhī zhèng　wǎng jiàn sì zǐ miǎo gū yè zhī shān　fén

尧治天下之民，平海内之政，往见四子藐姑射之山[11]，汾

shuǐ zhī yáng　yǎo rán sàng qí tiān xià yān

水之阳[12]，窅然丧其天下焉[13]。

huì zǐ wèi zhuāng zǐ yuē　wèi wáng yí wǒ dà hù zhī zhǒng　wǒ shù zhī chéng

惠子谓庄子曰[14]：“魏王贻我大瓠之种[15]，我树之成

ér shí wǔ dàn　yǐ chéng shuǐ jiāng　qí jiān bù néng zì jǔ yě　pōu zhī yǐ wéi piáo　zé

而实五石[16]，以盛水浆，其坚不能自举也[17]；剖之以为瓢，则

hù luò wú suǒ róng　fēi bù xiāo rán dà yě　wú wèi qí wú yòng ér pǒu zhī

瓠落无所容[18]。非不呺然大也[19]，吾为其无用而掊之[20]。”

---

①旁礴：混同，无所不包。②世蕲乎乱：社会得到治理走向太平。蕲，求，希望。乱，治理。③弊弊焉：忙忙碌碌的样子。④大浸：大水。稽：至。溺：淹没。⑤流：熔化。⑥秕糠：瘪谷和米糠，比喻糟粕废物。⑦陶铸：比喻造就，制作。⑧孰：谁。物：外物，指天下。⑨资：购置。章甫：一种礼帽。适诸越：到越国去卖。⑩断发文身：剪光头发，身刺花纹。文：通“纹”，指纹身。古代中原一带，将头发留长结成云鬓，才能戴上礼帽。而南方的越国人不留发，所以不用戴礼帽。⑪四子：指王倪、啮缺、被衣、许由等传说中得道成仙的人物。⑫汾水之阳：汾水的北面，即今山西平阳县，传说曾为尧时的首都。汾水，水名，在今山西中部，黄河第二支流。阳，水的北面为阳。⑬窅然：窅通“杳”，茫然的样子。丧：遗忘。⑭惠子：惠施，宋人，曾为梁惠王相。名家学派的代表人物，常与庄子辩论。⑮魏王：指魏惠王（即《孟子》中的梁惠王）。贻：赠送。瓠：葫芦。⑯树：种植。成：结成葫芦。实：容纳。石：容量单位，十斗为一石。⑰坚：硬度。举：承受，指承受水的重量。⑱瓠落：形容大而平浅的样子。无所容：没什么东西可以装。⑲呺然：大而空虚的样子。⑳为：因为。掊：击碎。

zhuāng zǐ yuē fū zǐ gù zhuō yú yòng dà yǐ sòng rén yǒu shàn wéi bù jūn shǒu
庄子曰：“夫子固拙于用大矣①。宋人有善为不龟手
zhī yào zhě shì shì yǐ píng pì kuàng wéi shì kè wén zhī qǐng mǎi qí fāng yǐ bǎi
之药者②，世世以洴澼绕为事③。客闻之，请买其方以百
jīn jù zú ér móu yuē wǒ shì shì wéi píng pì kuàng bù guò shù jīn jīn yī zhāo
金④。聚族而谋曰：‘我世世为洴澼绕，不过数金；今一朝
ér yù jì bǎi jīn qǐng yǔ zhī kè dé zhī yǐ shuì wú wáng yuè yǒu nàn wú
而鬻技百金⑤，请与之。’客得之，以说吴王⑥。越有难⑦，吴
wáng shǐ zhī jiàng dōng yǔ yuè rén shuǐ zhàn dà bài yuè rén liè dì ér fēng zhī néng
王使之将⑧，冬与越人水战，大败越人，裂地而封之⑨。能
bù jūn shǒu yī yě huò yǐ fēng huò bù miǎn yú píng pì kuàng zé suǒ yòng zhī yì
不龟手，一也⑩；或以封，或不免于洴澼绕⑪，则所用之异
yě jīn zǐ yǒu wǔ dàn zhī hù hé bù lǜ yǐ wéi dà zūn ér fú hū jiāng hú ér yōu
也。今子有五石之瓠，何不虑以为大樽而浮乎江湖⑫，而忧
qí hù luò wú suǒ róng zé fū zǐ yóu yǒu péng zhī xīn yě fú
其瓠落无所容？则夫子犹有蓬之心也夫⑬！”

huì zǐ wèi zhuāng zǐ yuē wú yǒu dà shù rén wèi zhī chū qí dà běn yōng
惠子谓庄子曰：“吾有大树，人谓之樗⑭。其大本擁
zhǒng ér bù zhòng shéng mò qí xiǎo zhī quán qū ér bù zhòng guī jǔ lì zhī tú jiàng
肿而不中绳墨⑮，其小枝卷曲而不中规矩⑯，立之涂⑰，匠
zhě bù gù jīn zǐ zhī yán dà ér wú yòng zhòng suǒ tóng qù yě
者不顾⑱。今子之言，大而无用，众所同去也。”

---

①拙：不擅长。 ②龟：通“皲”，皮肤因寒冷或干燥而破裂。 ③洴澼：漂洗。绕：古“纩”字，指较细的棉絮。 ④方：指不龟手的药方。金：古代货币单位。 ⑤鬻技：出卖配制药方的技术。 ⑥说：用语言劝说别人，使其相信自己。 ⑦越：古代诸侯国，与吴相接。难：发难，发动战争。 ⑧将：带兵打仗。 ⑨裂地而封之：割出一块土地作为奖赏，封赐给他。 ⑩一也：是一样的。 ⑪或：有的人。以封：因此得到封邑。不免：没有脱离。 ⑫虑：考虑。以为大樽：葫芦样子像酒杯，系在腰间可以做渡水之用。樽，酒杯。 ⑬蓬：茅草。比喻心灵茅塞不通。 ⑭樗：俗称臭椿树，落叶乔木，木质粗硬。 ⑮大本：树干。擁肿：即“臃肿”，指树干不直，还有瘢痕，形容不成材。中：合于。绳墨：木匠取直的工具。 ⑯卷曲：树枝弯曲而不平直。规矩：木匠测圆取方的工具。 ⑰涂：通“途”，路边。 ⑱匠者：木匠。顾：回头看。

zhuāng zǐ yuē　zǐ dú bù jiàn lí shēng hū　bēi shēn ér fú　yǐ hòu áo
庄子曰："子独不见狸狌乎①？卑身而伏，以候敖

zhě　dōng xī tiào liáng　bù bì gāo xià　zhòng yú jī bì　sǐ yú wǎng gǔ　jīn
者②；东西跳梁，不辟高下③；中于机辟④，死于罔罟⑤。今

fú lí niú　qí dà ruò chuí tiān zhī yún　cǐ néng wéi dà yǐ　ér bù néng zhí shǔ　jīn
夫斄牛⑥，其大若垂天之云。此能为大矣，而不能执鼠。今

zǐ yǒu dà shù　huàn qí wú yòng　hé bù shù zhī yú wú hé yǒu zhī xiāng　guǎng mò zhī
子有大树，患其无用⑦，何不树之于无何有之乡⑧，广莫之

yě　páng huáng hū wú wéi qí cè　xiāo yáo hū qǐn wò qí xià　bù yāo jīn fǔ　wù
野⑨，彷徨乎无为其侧，逍遥乎寝卧其下⑩。不夭斤斧⑪，物

wú hài zhě　wú suǒ kě yòng　ān suǒ kùn kǔ zāi
无害者⑫，无所可用，安所困苦哉⑬！"

---

①独：岂，唯独，偏偏。狸：野猫。狌：黄鼠狼。②卑：低。敖：通"遨"，遨游，游走。③跳梁：即"跳踉"，跳跃，窜动。辟，同"避"，避开。④中：踏中。机辟：泛指捕兽工具。机，弩机。辟，陷阱。⑤罔：通"网"。罟：网的总称。⑥斄牛：牦牛，身体庞大不够灵活。⑦患：忧虑，担心。⑧无何有之乡：谓空虚无有之地。⑨广：广大，空旷。莫：无，空虚。⑩彷徨乎、逍遥乎：都是无拘无束地徘徊的样子。无为：超然物外，无所追求。⑪夭：夭折，指树木被砍伐。斤、斧：砍伐工具。⑫物无害者：没有东西来伤害它。⑬无所：没有地方。安所：哪里有……的地方呢？

qí wù lùn
齐物论

nán guō zǐ qí yìn jī ér zuò yǎng tiān ér xū tà yān sì sàng qí ǒu yán
南郭子綦隐机而坐[1]，仰天而嘘[2]，荅焉似丧其耦[3]。颜

chéng zǐ yóu lì shì hū qián yuē hé jū hū xíng gù kě shǐ rú gǎo mù ér
成子游立侍乎前[4]，曰："何居乎[5]？形固可使如槁木[6]，而

xīn gù kě shǐ rú sǐ huī hū jīn zhī yìn jī zhě fēi xī zhī yìn jī zhě yě zǐ
心固可使如死灰乎[7]？今之隐机者，非昔之隐机者也。"子

qí yuē yǎn bù yì shàn hū ér wèn zhī yě jīn zhě wú sàng wǒ rǔ zhī zhī hū
綦曰："偃，不亦善乎，而问之也！今者吾丧我[8]，汝知之乎？

rǔ wén rén lài ér wèi wén dì lài rǔ wén dì lài ér wèi wén tiān lài fú
汝闻人籁而未闻地籁[9]；汝闻地籁而未闻天籁夫[10]！"

zǐ yóu yuē gǎn wèn qí fāng zǐ qí yuē fú dà kuài ǎi qì qí míng
子游曰："敢问其方[11]。"子綦曰："夫大块噫气[12]，其名

wéi fēng shì wéi wú zuò zuò zé wàn qiào nù háo ér dú bù wén zhī lù lù hū
为风。是唯无作[13]，作则万窍怒呺[14]。而独不闻之翏翏乎[15]？

shān líng zhī wēi cuī dà mù bǎi wéi zhī qiào xué sì bí sì kǒu sì ěr sì jī
山陵之畏佳[16]，大木百围之窍穴[17]，似鼻，似口，似耳，似枅[18]，

---

①南郭子綦：楚昭王庶弟，楚庄王司马，居住在南郭，所以以此作为称号。隐：凭倚，依据。机：同"几"，几案。②嘘：慢慢地吐气。③荅：通"嗒"。解体的样子。耦：通"偶"，指形体。④颜成子游：姓颜成，名偃，字子游，子綦弟子。立：站着。侍：侍奉。⑤居：故，缘由。⑥固：诚然，固然。槁木：枯木。⑦而：但是。⑧吾：今日得道的我。我：没有忘己、忘功、忘名的我。⑨汝：你。人籁：人吹着箫发出的声音。地籁：风吹洞穴发出的声音。⑩天籁：自然界的声音。⑪方：道理，含义。⑫大块：大地。噫气：这里指天地吐气。⑬作：起，指刮风。⑭窍：洞穴。呺：呼啸，吼叫。⑮翏翏：象声词，远远袭来的大风声。⑯畏佳：高峻的样子。⑰围：计量周长的约略单位，现多指两手或两臂之间合拱的长度。⑱枅：梁柱横木的方口。

sì juàn sì jiù sì wā zhě sì wū zhě jī zhě xiào zhě chì zhě xī zhě

似圈，似臼[1]，似洼者[2]，似污者[3]；激者，謞者[4]，叱者，吸者，

jiào zhě háo zhě yǎo zhě jiǎo zhě qián zhě chàng yú ér suí zhě chàng yú líng

叫者，譹者[5]，宎者[6]，咬者[7]。前者唱于而随者唱喁[8]。泠

fēng zé xiǎo hè piāo fēng zé dà hè lì fēng jì zé zhòng qiào wéi xū ér dú bù

风则小和[9]，飘风则大和[10]，厉风济则众窍为虚[11]。而独不

jiàn zhī tiáo tiáo zhī diāo diāo hū

见之调调之刁刁乎[12]？”

zǐ yóu yuē dì lài zé zhòng qiào shì yǐ rén lài zé bǐ zhú shì yǐ gǎn wèn

子游曰：“地籁则众窍是已，人籁则比竹是已[13]。敢问

tiān lài zǐ qí yuē fú tiān lài zhě chuī wàn bù tóng ér shǐ qí zì jǐ yě xián

天籁。”子綦曰：“夫天籁者，吹万不同[14]，而使其自己也[15]，咸

qí zì qǔ nù zhě qí shuí yé

其自取[16]，怒者其谁邪！”

dà zhì xián xián xiǎo zhì jiān jiān dà yán tán tán xiǎo yán zhān zhān qí

大知闲闲[17]，小知间间[18]；大言炎炎[19]，小言詹詹[20]。其

mèi yě hún jiāo qí jué yě xíng kāi yǔ jiē wéi gòu rì yǐ xīn dòu màn zhě

寐也魂交[21]，其觉也形开[22]，与接为构[23]，日以心斗[24]。缦者，

jiào zhě mì zhě xiǎo kǒng zhuì zhuì dà kǒng màn màn qí fā ruò jī kuò qí

窖者，密者[25]。小恐惴惴[26]，大恐缦缦[27]。其发若机栝[28]，其

sì shì fēi zhī wèi yě qí liú rú zǔ méng qí shǒu shèng zhī wèi yě qí shā ruò qiū

司是非之谓也[29]；其留如诅盟[30]，其守胜之谓也[31]；其杀若秋

---

①臼：舂米的器具，一般用石头制成。②洼：池沼。③污：泥塘。④謞者：如飞箭之声。⑤譹者：譹通“嚎”，像嚎哭之声。⑥宎者：像沉吟的声音。⑦咬者：哀叹声。⑧唱于：领唱。唱喁：应和，相应。⑨泠风：小风。⑩飘风：大风。⑪厉风：暴风。济：止。虚：寂静。⑫调调：大树摇动的样子。刁刁：树木轻摇的样子。⑬比竹：多支竹管并列而成的乐器，如笙竽之类。比，并列。⑭吹万不同：风吹千万个窍穴而声音各有不同。万，形容物体很多。⑮自己：指自己发出的声音。⑯咸：都是。⑰知：通“智”。闲闲：广博安详的样子。⑱间间：固执偏狭的样子。⑲炎炎：言辞猛烈的样子。⑳詹詹：言辞啰嗦的样子。㉑魂交：心神烦乱。㉒觉：睡觉醒来。形开：四体不安。㉓构：交合，引申为周旋。㉔心斗：指勾心斗角。㉕缦：借为“慢”。漫不经心。窖：深沉。密：缜密。㉖惴惴：忧惧不安的样子。㉗缦缦：沮丧失神的样子。㉘机栝：指代射箭。机，弓弩发射的机关。栝，箭末扣弦的部位。㉙司：通“伺”，伺机。㉚留：守，止。诅盟：誓约。㉛守胜：以守取胜。

dōng　yǐ yán qí rì xiāo yě　qí nì zhī suǒ wéi zhī　bù kě shǐ fù zhī yě　qí yǎn
冬①，以言其日消也；其溺之所为之②，不可使复之也③；其厌

yě rú jiān　yǐ yán qí lǎo xù yě　jìn sǐ zhī xīn　mò shǐ fù yáng yě　xǐ nù
也如缄④，以言其老洫也⑤；近死之心，莫使复阳也⑥。喜怒

āi lè　lǜ tàn biàn zhí　yáo yì qǐ tài　yuè chū xū　zhēng chéng jūn　rì yè
哀乐，虑叹变慹⑦，姚佚启态⑧；乐出虚⑨，蒸成菌⑩。日夜

xiāng dài hū qián　ér mò zhī qí suǒ méng　yǐ hū　yǐ hū　dàn mù dé cǐ　qí
相代乎前⑪，而莫知其所萌⑫。已乎⑬，已乎！旦暮得此，其

suǒ yóu yǐ shēng hū
所由以生乎！

fēi bǐ wú wǒ　fēi wǒ wú suǒ qǔ　shì yì jìn yǐ　ér bù zhī qí suǒ wéi
非彼无我，非我无所取⑭。是亦近矣，而不知其所为

shǐ　bì yǒu zhēn zǎi　ér tè bù dé qí zhèn　kě xíng yǐ xìn　ér bù jiàn qí
使⑮。必有真宰⑯，而特不得其眹⑰。可行已信；而不见其

xíng　yǒu qíng ér wú xíng
形⑱。有情而无形⑲。

bǎi hái　jiǔ qiào　liù zàng　gāi ér cún yān　wú shuí yǔ wéi qīn　rǔ jiē
百骸⑳、九窍㉑、六藏㉒，赅而存焉㉓，吾谁与为亲㉔？汝皆

yuè zhī hū　qí yǒu sī yān　rú shì jiē yǒu wéi chén qiè hū　qí chén qiè bù zú
说之乎㉕？其有私焉㉖？如是皆有为臣妾乎？其臣妾不足

yǐ xiāng zhì hū　qí dì xiāng wéi jūn chén hū　qí yǒu zhēn jūn cún yān　rú qiú
以相治乎？其递相为君臣乎㉗？其有真君存焉㉘？如求

---

①杀：肃杀，摧残衰败。②溺：沉溺。为：做，干。③复：恢复。④厌：闭藏。缄：封闭。⑤洫：昏惑，迷乱。⑥阳：生机，生气。⑦虑叹变慹：忧虑、感叹、反复、畏惧，形容辩论者们的情绪反应。慹，恐惧，害怕。⑧姚佚启态：浮躁、放纵、张狂、作态。形容辩论者们的行为样态。⑨乐：音乐，乐声。虚：虚空，指箫管等乐器。⑩蒸：蒸汽。地气达到了一定的温度和湿度，便生成菌类，故言。这里把是非争议与成窍怒号联系起来，说明有却是无所生，就像众窍为虚而能发出声音，蒸汽会长出朝菌一样，万事万物都是从虚无中产生出来的。⑪代：更迭，交替。⑫萌：始，生。⑬已乎：算了吧。⑭取：禀受，引申为体现。⑮使：支配。⑯真宰：自然的主宰者。⑰眹："朕"的误字。征兆，迹象。⑱形：形体。⑲情：实。⑳骸：骨节。㉑九窍：眼、耳、鼻、口、肛门、生殖器总共九窍。㉒六藏：即"六脏"，心、肝、脾、肺、肾、命门。㉓赅：齐备。㉔谁与：与谁。㉕说：通"悦"，喜欢。㉖私：偏爱，偏重。㉗递相：互相，轮流。㉘真君：指百骸、九窍、六藏的主宰者。

dé qí qíng yǔ bù dé wú yì sǔn hū qí zhēn
得其情与不得，无益损乎其真。

yī shòu qí chéng xíng bù wáng yǐ dài jìn yǔ wù xiāng rèn xiāng mó qí xíng
一受其成形，不亡以待尽。与物相刃相靡[1]，其行

jìn rú chí ér mò zhī néng zhǐ bù yì bēi hū zhōng shēn yì yì ér bù jiàn qí chéng
进如驰，而莫之能止，不亦悲乎！终身役役而不见其成

gōng nié rán pí yì ér bù zhī qí suǒ guī kě bù āi yé rén wèi zhī bù sǐ xī
功[2]，苶然疲役而不知其所归[3]，可不哀邪！人谓之不死，奚

yì qí xíng huà qí xīn yǔ zhī rán kě bù wèi dà āi hū rén zhī shēng yě
益[4]！其形化，其心与之然[5]，可不谓大哀乎？人之生也，

gù ruò shì máng hū qí wǒ dú máng ér rén yì yǒu bù máng zhě hū
固若是芒乎[6]？其我独芒，而人亦有不芒者乎？

fú suí qí chéng xīn ér shī zhī shuí dú qiě wú shī hū xī bì zhī dài ér
夫随其成心而师之[7]，谁独且无师乎[8]？奚必知代而

xīn zì qǔ zhě yǒu zhī yú zhě yǔ yǒu yān wèi chéng hū xīn ér yǒu shì fēi shì jīn
心自取者有之[9]？愚者与有焉。未成乎心而有是非，是今

rì shì yuè ér xī zhì yě shì yǐ wú yǒu wéi yǒu wú yǒu wéi yǒu suī yǒu shén yǔ
日适越而昔至也。是以无有为有。无有为有，虽有神禹，

qiě bù néng zhī wú dú qiě nài hé zāi
且不能知[10]，吾独且奈何哉！

fú yán fēi chuī yě yán zhě yǒu yán qí suǒ yán zhě tè wèi dìng yě guǒ yǒu
夫言非吹也[11]，言者有言，其所言者特未定也[12]。果有

yán yé qí wèi cháng yǒu yán yé qí yǐ wéi yì yú kòu yīn yì yǒu biàn hū qí
言邪？其未尝有言邪？其以为异于鷇音[13]，亦有辩乎[14]，其

---

①相刃：互相斗杀。相靡：互相摩擦。靡：通“摩”。②役役：忙碌的样子。③苶然：疲劳困顿，精神不振的样子。疲役：疲于劳役。所归：归宿，目标。④奚益：何益，有什么益处。⑤与之然：与形体一同变化。⑥若是：像这样。芒：愚昧。⑦成心：主观成见。⑧师：作动词，取法，效法。⑨心自取者：智者，有见解或心得的人。⑩知：理解。⑪吹：指风吹窍。⑫特未定：但还不一定。⑬鷇音：雏鸟欲出卵时的鸣叫声。⑭辩：通“辨”，区别。

wú biàn hū
无辩乎？

dào wū hū yǐn ér yǒu zhēn wěi yán wū hū yǐn ér yǒu shì fēi dào wū hū wǎng
道恶乎隐而有真伪？言恶乎隐而有是非？道恶乎往

ér bù cún yán wū hū cún ér bù kě dào yǐn yú xiǎochéng yán yǐn yú rónghuá
而不存？言恶乎存而不可？道隐于小成[①]，言隐于荣华[②]。

gù yǒu rú mò zhī shì fēi yǐ shì qí suǒ fēi ér fēi qí suǒ shì yù shì qí suǒ fēi
故有儒墨之是非[③]，以是其所非而非其所是。欲是其所非

ér fēi qí suǒ shì zé mò ruò yǐ míng
而非其所是，则莫若以明[④]。

wù wú fēi bǐ wù wú fēi shì zì bǐ zé bù jiàn zì shì zé zhī zhī
物无非彼[⑤]，物无非是[⑥]。自彼则不见，自是则知之。

gù yuē bǐ chū yú shì shì yì yīn bǐ bǐ shì fāng shēng zhī shuō yě suī rán fāng
故曰彼出于是，是亦因彼[⑦]。彼是方生之说也，虽然，方

shēng fāng sǐ fāng sǐ fāng shēng fāng kě fāng bù kě fāng bù kě fāng kě yīn shì yīn
生方死，方死方生；方可方不可，方不可方可[⑧]。因是因

fēi yīn fēi yīn shì shì yǐ shèng rén bù yóu ér zhào zhī yú tiān yì yīn shì yě
非，因非因是。是以圣人不由，而照之于天[⑨]，亦因是也。

shì yì bǐ yě bǐ yì shì yě bǐ yì yī shì fēi cǐ yì yī shì fēi
是亦彼也，彼亦是也。彼亦一是非[⑩]，此亦一是非[⑪]。

guǒ qiě yǒu bǐ shì hū zāi guǒ qiě wú bǐ shì hū zāi bǐ shì mò dé qí ǒu wèi zhī
果且有彼是乎哉？果且无彼是乎哉？彼是莫得其偶，谓之

---

①小成：部分认识成果，相对真理。②荣华：华美不实的言论。③是：以……为是，肯定。非：以……为非，否定。④莫若：不如。明：指用虚静的内心体认事物。⑤非：不是。⑥是：此。⑦因：依赖。⑧“方生”句：生的同时就出现死，死的同时就出现生。对的同时就出现错，错的同时也出现对。惠施提出“方生方死”的论题，提示了生与死的对立统一关系，但未能表达事物在运动过程中相对的稳定性和质的规定性，因而在某种程度上具有诡辩论的倾向。⑨不由：不经由是非之途。天：自然，自然的天道。⑩彼亦一是非：彼的是非不同于此的是非。⑪此亦一是非：此的是非不同于彼的是非。

dào shū shū shǐ dé qí huán zhōng yǐ yìng wú qióng shì yì yī wú qióng fēi yì
道枢①。枢始得其环中②，以应无穷。是亦一无穷，非亦

yī wú qióng yě gù yuē mò ruò yǐ míng
一无穷也③。故曰莫若以明。

yǐ zhǐ yù zhǐ zhī fēi zhǐ bù ruò yǐ fēi zhǐ yù zhǐ zhī fēi zhǐ yě yǐ mǎ yù
以指喻指之非指，不若以非指喻指之非指也；以马喻

mǎ zhī fēi mǎ bù ruò yǐ fēi mǎ yù mǎ zhī fēi mǎ yě
马之非马，不若以非马喻马之非马也④。

tiān dì yī zhǐ yě wàn wù yī mǎ yě
天地一指也，万物一马也⑤。

dào xíng zhī ér chéng wù wèi zhī ér rán yǒu zì yě ér kě yǒu zì yě ér
道行之而成⑥，物谓之而然⑦。有自也而可，有自也而

bù kě yǒu zì yě ér rán yǒu zì yě ér bù rán wū hū rán rán yú rán wū
不可。有自也而然，有自也而不然。恶乎然？然于然。恶

hū bù rán bù rán yú bù rán wū hū kě kě yú kě wū hū bù kě bù
乎不然？不然于不然⑧。恶乎可？可于可。恶乎不可？不

kě yú bù kě wù gù yǒu suǒ rán wù gù yǒu suǒ kě wú wù bù rán wú wù bù
可于不可。物固有所然，物固有所可。无物不然，无物不

kě gù wèi shì jǔ tíng yǔ yíng lì yǔ xī shī huī guǐ jué guài dào tōng wéi
可⑨。故为是举莛与楹⑩，厉与西施⑪，恢恑憰怪⑫，道通为

---

①偶：对，指矛盾的对立面。道枢：道的关键，道的中心部分，规律。 ②环中：指环圈本身。 ③“是亦”句：按照是非的观点来讨论是非，则是是无穷的，非也是无穷的。 ④本段中第一、二、四、五个“指”是大拇指，第三、六个“指”是手指的意思。下文“马”句中第一、二、四、五个“马”指白马，第三、六个“马”表示马。“指”与“马”是先秦理论界争议名（反映事物的概念）、实（被反映的客观事物本身）关系的中心问题。名辩派公孙龙首先提出“大拇指非手指”、“白马非马”的命题。《齐物论》中的这一段也是针对这一命题。 ⑤“天地”句：“一指”、“一马”是用以代表天地万物同质的共通概念。意指从相同的观点来看，天地万物都有它们的共同性。 ⑥道：道路。行：走。 ⑦谓：称谓。 ⑧“恶乎然”句：为什么是？有其是的道理。为什么不是？也有其不是的原因。 ⑨“物固”句：事物中本来就有，事物中本来就有它可的地方。因此，没有什么东西不是，没有什么东西不可。固，本来。所然，这样的理由。 ⑩莛：草茎。楹：房屋的柱子。 ⑪厉：丑陋的女人。西施：春秋时越国人，以美貌著称。 ⑫恢：诙谐。恑：通“诡”，狡猾。憰：通“谲”，欺诈。怪：奇异。

yī qí fēn yě chéng yě qí chéng yě huǐ yě fán wù wú chéng yǔ huǐ fù tōng
一[1]。其分也，成也；其成也，毁也。凡物无成与毁，复通

wéi yī
为一[2]。

wéi dá zhě zhī tōng wéi yī wèi shì bù yòng ér yù zhū yōng yīn shì yǐ yǐ ér
唯达者知通为一，为是不用而寓诸庸[3]；因是已。已而

bù zhī qí rán wèi zhī dào
不知其然，谓之道。

láo shén míng wéi yī ér bù zhī qí tóng yě wèi zhī zhāo sān hé wèi zhāo
劳神明为一[4]，而不知其同也[5]，谓之朝三。何谓朝

sān jū gōng fù xù yuē zhāo sān ér mù sì zhòng jū jiē nù yuē rán zé
三？狙公赋芧曰[6]：“朝三而暮四。”众狙皆怒。曰：“然则

zhāo sì ér mù sān zhòng jū jiē yuè míng shí wèi kuī ér xǐ nù wéi yòng yì yīn shì
朝四而暮三。”众狙皆悦。名实未亏而喜怒为用[7]，亦因是

yě shì yǐ shèng rén hé zhī yǐ shì fēi ér xiū hū tiān jūn shì zhī wèi liǎng xíng
也[8]。是以圣人和之以是非[9]而休乎天钧，是之谓两行[10]。

gǔ zhī rén qí zhì yǒu suǒ zhì yǐ wū hū zhì yǒu yǐ wéi wèi shǐ yǒu wù
古之人，其知有所至矣[11]。恶乎至？有以为未始有物

zhě zhì yǐ jìn yǐ bù kě yǐ jiā yǐ qí cì yǐ wéi yǒu wù yǐ ér wèi shǐ
者[12]，至矣，尽矣，不可以加矣。其次，以为有物矣，而未始

yǒu fēng yě qí cì yǐ wéi yǒu fēng yān ér wèi shǐ yǒu shì fēi yě shì fēi zhī
有封也[13]。其次，以为有封焉，而未始有是非也。是非之

---

①通：统，齐。②凡物：一切事物。③为是：因此。不用：指不用“分”与“成”的观点去看问题。寓：寄托。诸：之于。庸：事物的功用。④神明：指精神、心思。一：一管之见，一面之辞。⑤同：是非彼此相通。⑥狙公：养猕猴的老翁。赋：授，给予。芧：橡子。⑦名：橡子的数目。实：实际给的橡子。亏：改变。用：利用。⑧因：顺，任由。⑨和：调和。休：休息，引申为无为任之的意思。天钧：自然均衡的道理。⑩两行：任由是与非两方面各自发展。⑪知：通“智”，智慧，认识。至：极限，最高境界。⑫以为：认为。未始有物：未曾有物。即世界起源于无，形成于虚无的“道”。⑬封：界限。

zhāng yě dào zhī suǒ yǐ kuī yě dào zhī suǒ yǐ kuī ài zhī suǒ yǐ chéng guǒ qiě
彰也[1]，道之所以亏也[2]。道之所以亏，爱之所以成。果且

yǒu chéng yǔ kuī hū zāi guǒ qiě wú chéng yǔ kuī hū zāi yǒu chéng yǔ kuī gù zhāo
有成与亏乎哉[3]？果且无成与亏乎哉？有成与亏，故昭

shì zhī gǔ qín yě wú chéng yǔ kuī gù zhāo shì zhī bù gǔ qín yě zhāo wén zhī gǔ
氏之鼓琴也[4]；无成与亏，故昭氏之不鼓琴也。昭文之鼓

qín yě shī kuàng zhī zhī cè yě huì zǐ zhī jù wú yě sān zǐ zhī zhì jī hū jiē
琴也，师旷之枝策也[5]，惠子之据梧也[6]，三子之知，几乎皆

qí shèng zhě yě gù zài zhī mò nián wéi qí hào zhī yě yǐ yì yú bǐ qí hào
其盛者也[7]，故载之末年[8]。唯其好之也，以异于彼[9]；其好

zhī yě yù yǐ míng zhī bǐ fēi suǒ míng ér míng zhī gù yǐ jiān bái zhī mèi zhōng
之也，欲以明之。彼非所明而明之，故以坚白之昧终[10]。

ér qí zǐ yòu yǐ wén zhī lún zhōng zhōng shēn wú chéng ruò shì ér kě wèi chéng hū
而其子又以文之纶终，终身无成[11]。若是而可谓成乎？

suī wǒ wú chéng yì kě wèi chéng yǐ ruò shì ér bù kě wèi chéng hū wù yǔ wǒ
虽我无成，亦可谓成矣[12]。若是而不可谓成乎？物与我

wú chéng yě shì gù gǔ yí zhī yào shèng rén zhī suǒ tú yě wèi shì bù yòng ér yù
无成也。是故滑疑之耀[13]，圣人之所图也。为是不用而寓

zhū yōng cǐ zhī wèi yǐ míng
诸庸，此之谓以明。

jīn qiě yǒu yán yú cǐ bù zhī qí yǔ shì lèi hū qí yǔ shì bù lèi hū
今且有言于此[14]，不知其与是类乎[15]？其与是不类乎？

---

①彰：明。②亏：损失，破坏。③果且：果真。④昭氏：姓昭，名文，郑国人，善于弹琴。⑤师旷：字子野，精通音律，晋平公的乐师。枝：柱。策：打鼓棒。枝策：师旷在打拍子。⑥惠子：惠施。据：依靠。梧：梧桐树。惠施善辩，常常与人在树下辩论，直到疲倦不堪而靠着梧桐树休息。⑦知：通“智”。几：近。盛：最强。⑧载：从事。末年：晚年，终生。⑨异于彼：炫异于他人。彼，指他人。⑩坚白：坚白论。是战国时期名辩的论题之一，当时分为两派，一派以公孙龙为首，他分析“坚白石”，认为视觉只是看到石头的白色而看不到坚硬，触觉摸到坚硬而摸不到白色。因此，坚和白是分离的。这是“离坚白”的一派（见《公孙龙子·坚白论》）。另一派主张“盈坚白”，以墨子为首，认为坚白同是石的属性而不可分。惠施也曾参加了辩论。昧：暗昧，糊涂。⑪纶：琴弦，代指琴。⑫虽：即使。⑬滑疑：能言善辩，迷乱人心。耀：炫耀。⑭今且：假设之辞。⑮是：指这里所说的话。

lèi yǔ bù lèi xiāng yǔ wéi lèi zé yǔ bǐ wú yǐ yì yǐ
类与不类，相与为类，则与彼无以异矣[1]。

suī rán qǐng cháng yán zhī yǒu shǐ yě zhě yǒu wèi shǐ yǒu shǐ yě zhě yǒu
虽然，请尝言之[2]。有始也者[3]，有未始有始也者，有
wèi shǐ yǒu fú wèi shǐ yǒu shǐ yě zhě yǒu yǒu yě zhě yǒu wú yě zhě yǒu wèi shǐ yǒu
未始有夫未始有始也者。有有也者，有无也者，有未始有
wú yě zhě yǒu wèi shǐ yǒu fú wèi shǐ yǒu wú yě zhě é ér yǒu wú yǐ ér wèi zhī
无也者，有未始有夫未始有无也者。俄而有无矣[4]，而未知
yǒu wú zhī guǒ shú yǒu shú wú yě jīn wǒ zé yǐ yǒu wèi yǐ ér wèi zhī wú suǒ wèi zhī
有无之果孰有孰无也。今我则已有谓矣，而未知吾所谓之
qí guǒ yǒu wèi hū qí guǒ wú wèi hū
其果有谓乎，其果无谓乎[5]？

tiān xià mò dà yú qiū háo zhī mò ér tài shān wéi xiǎo mò shòu yú shāng zǐ
天下莫大于秋毫之末[6]，而大山为小[7]；莫寿于殇子[8]，
ér péng zǔ wéi yāo tiān dì yǔ wǒ bìng shēng ér wàn wù yǔ wǒ wéi yī jì yǐ wéi
而彭祖为夭[9]。天地与我并生，而万物与我为一。既已为
yī yǐ qiě dé yǒu yán hū jì yǐ wèi zhī yī yǐ qiě dé wú yán hū yī yǔ yán
一矣，且得有言乎？既已谓之一矣，且得无言乎？一与言
wéi èr èr yǔ yī wéi sān zì cǐ yǐ wǎng qiǎo lì bù néng dé ér kuàng qí fán
为二，二与一为三[10]。自此以往，巧历不能得[11]，而况其凡
hū gù zì wú shì yǒu yǐ zhì yú sān ér kuàng zì yǒu shì yǒu hū wú shì yān
乎[12]！故自无适有以至于三[13]，而况自有适有乎！无适焉，
yīn shì yǐ
因是已[14]。

---

①无以异：没有什么区别。②尝：试着。③有始：有形象显现。④俄而：突然。⑤谓：说。⑥秋毫：动物秋天换的新毛，比喻微小的东西。⑦大山：大，通“泰”。即泰山，往往被用来比喻高大的事物。⑧寿：长寿。殇子：夭折的小孩。⑨彭祖：传说中长寿之人，据说活了八百岁。夭：短命。⑩一与言为二，二与一为三：即《老子》“道生一，一生二，二生三，三生万物”的观点。⑪巧历：善于计算的人。⑫凡：一般的人。⑬适：往，发展到。⑭无：通“毋”。是：此，这样。

fú dào wèi shǐ yǒu fēng yán wèi shǐ yǒu cháng wéi shì ér yǒu zhěn yě qǐng yán
夫道未始有封①，言未始有常②，为是而有畛也③，请言

qí zhěn yǒu zuǒ yǒu yòu yǒu lún yǒu yì yǒu fēn yǒu biàn yǒu jìng yǒu zhēng cǐ
其畛：有左，有右，有伦，有义，有分，有辩，有竞，有争，此

zhī wèi bā dé liù hé zhī wài shèng rén cún ér bù lùn liù hé zhī nèi shèng rén
之谓八德④。六合之外⑤，圣人存而不论⑥；六合之内，圣人

lùn ér bù yì chūn qiū jīng shì xiān wáng zhī zhì shèng rén yì ér bù biàn gù fēn
论而不议。春秋经世先王之志⑦，圣人议而不辩⑧。故分

yě zhě yǒu bù fēn yě biàn yě zhě yǒu bù biàn yě yuē hé yě shèng rén huái
也者⑨，有不分也；辩也者⑩，有不辩也。曰：何也？圣人怀

zhī zhòng rén biàn zhī yǐ xiāng shì yě gù yuē biàn yě zhě yǒu bù jiàn yě
之⑪，众人辩之以相示也⑫。故曰辩也者，有不见也⑬。

fú dà dào bù chēng dà biàn bù yán dà rén bù rén dà lián bù qiān dà
夫大道不称⑭，大辩不言⑮，大仁不仁，大廉不嗛⑯，大

yǒng bù zhì dào zhāo ér bù dào yán biàn ér bù jí rén cháng ér bù zhōu lián
勇不忮⑰。道昭而不道⑱，言辩而不及⑲，仁常而不周⑳，廉

qīng ér bù xìn yǒng zhì ér bù chéng wǔ zhě wú qì ér jī xiàng fāng yǐ
清而不信㉑，勇忮而不成。五者无弃而几向方矣㉒。

gù zhī zhǐ qí suǒ bù zhī zhì yǐ shú zhī bù yán zhī biàn bù dào zhī dào
故知止其所不知，至矣。孰知不言之辩，不道之道？

ruò yǒu néng zhī cǐ zhī wèi tiān fǔ zhù yān ér bù mǎn zhuó yān ér bù jié ér
若有能知，此之谓天府㉓。注焉而不满㉔，酌焉而不竭㉕，而

①封：界限。②常：是非定准。③畛：界限。④八德：指儒墨之争的八种事。⑤六合：天地四方，泛指天下。⑥圣人：道德修养极高的人。这里指道家的圣人，非指儒家的圣人。⑦春秋：指史书。经：治理。志：记载。⑧辩：争辩。⑨分：分别，区别。⑩辩：言辩，辩论。⑪怀之：指胸中囊括万物。⑫示：显示，炫耀。⑬"故曰"句：有争辩之处，必有被遮蔽而不见的地方。⑭称：称道，声扬。⑮言：说。⑯嗛：通"谦"，谦虚，谦让。⑰忮：伤害，忌恨。⑱昭：彰明，显扬。⑲不及：达不到。⑳常：固定在一方。不周：不能周遍。㉑信：真实。㉒几：接近，几乎。向：转向。㉓天府：宇宙自然的仓库。㉔注：灌注，注入。㉕酌：取用。

bù zhī qí suǒ yóu lái cǐ zhī wèi bǎo guāng

不知其所由来，此之谓葆光[1]。

gù xī zhě yáo wèn yú shùn yuē wǒ yù fá zōng kuài xū áo nán miàn ér

故昔者尧问于舜曰[2]：“我欲伐宗、脍、胥敖[3]，南面而

bù shì rán qí gù hé yě shùn yuē fú sān zǐ zhě yóu cún hū péng ài zhī

不释然[4]。其故何也？”舜曰：“夫三子者[5]，犹存乎蓬艾之

jiān ruò bù shì rán hé zāi xī zhě shí rì bìng chū wàn wù jiē zhào ér kuàng

间[6]。若不释然，何哉[7]？昔者十日并出，万物皆照，而况

dé zhī jìn hū rì zhě hū

德之进乎日者乎[8]！”

niè quē wèn hū wáng ní yuē zǐ zhī wù zhī suǒ tóng shì hū

啮缺问乎王倪曰[9]：“子知物之所同是乎[10]？”

yuē wú wū hū zhī zhī

曰：“吾恶乎知之！”

zǐ zhī zǐ zhī suǒ bù zhī yé

“子知子之所不知邪？”

yuē wú wū hū zhī zhī

曰：“吾恶乎知之！”

rán zé wù wú zhī yé

“然则物无知邪[11]？”

yuē wú wū hū zhī zhī suī rán cháng shì yán zhī yōng jù zhī wú suǒ wèi zhī

曰：“吾恶乎知之！虽然尝试言之。庸讵知吾所谓知

zhī fēi bù zhī yé yōng jù zhī wú suǒ wèi bù zhī zhī fēi zhī yé qiě wú cháng shì

之非不知邪[12]？庸讵知吾所谓不知之非知邪？且吾尝试

---

[1]葆光：隐藏着的光辉。 [2]舜：姓姚，字重华。上古帝王之一，继尧帝之后。 [3]宗、脍、胥敖：上古时代三个小国名。 [4]南面：南向。古代帝王的座位是南向的，故以南面指帝位，引申为临朝听政。不释然：放心不下。 [5]三子：指三国国君。 [6]蓬：蓬蒿。艾：艾草。 [7]若：你。 [8]进乎：超过。 [9]啮缺、王倪：传说中尧时贤人。尧的老师叫许由，许由的老师叫啮缺，啮缺的老师叫王倪。 [10]子：先生。所同是：指被人们共同认定的道理。是：肯定。 [11]无知：无法认识。 [12]庸讵：何以。

wèn hū rǔ mín shī qǐn zé yāo jí piān sǐ qiū rán hū zāi mù chǔ zé zhuì lì xún
问乎汝：民湿寝则腰疾偏死①，鳅然乎哉②？木处则惴栗恂

jù yuán hóu rán hū zāi sān zhě shú zhī zhèng chù mín shí chú huàn mí lù shí
惧，猨猴然乎哉③？三者孰知正处④？民食刍豢⑤，麋鹿食

jiàn jí jū gān dài chī yā shì shǔ sì zhě shú zhī zhèng wèi yuán piàn jū yǐ wéi
荐⑥，蝍蛆甘带⑦，鸱鸦嗜鼠⑧，四者孰知正味？猨猵狙以为

cí mí yǔ lù jiāo qiū yǔ yú yóu máo qiáng xī shī rén zhī suǒ měi yě yú
雌⑨，麋与鹿交，鳅与鱼游。毛嫱、西施⑩，人之所美也；鱼

jiàn zhī shēn rù niǎo jiàn zhī gāo fēi mí lù jiàn zhī jué zhòu sì zhě shú zhī tiān xià
见之深入⑪，鸟见之高飞，麋鹿见之决骤⑫。四者孰知天下

zhī zhèng sè zāi zì wǒ guān zhī rén yì zhī duān shì fēi zhī tú fán rán xiáo
之正色哉？自我观之，仁义之端⑬，是非之涂⑭，樊然殽

luàn wú wū néng zhī qí biàn
乱⑮，吾恶能知其辩⑯！”

niè quē yuē zǐ bù zhī lì hài zé zhì rén gù bù zhī lì hài hū
啮缺曰：“子不知利害，则至人固不知利害乎？”

wáng ní yuē zhì rén shén yǐ dà zé fén ér bù néng rè hé hàn hù ér bù
王倪曰：“至人神矣！大泽焚而不能热⑰，河汉沍而不

néng hán jí léi pò shān ér bù néng shāng piāo fēng zhèn hǎi ér bù néng jīng ruò rán
能寒⑱，疾雷破山而不能伤，飘风振海而不能惊。若然

zhě chéng yún qì qí rì yuè ér yóu hū sì hǎi zhī wài sǐ shēng wú biàn yú jǐ
者，乘云气，骑日月，而游乎四海之外。死生无变于己⑲，

①民：人。湿寝：睡在湿的地方。偏死：半身瘫痪。②鳅：泥鳅。然：这样。③木处：居住在树上。惴栗：恐惧得发抖。恂惧：害怕。猨：同“猿”。④处：处所，指居住方式。⑤刍豢：人所豢养的禽兽。吃草的叫刍，食谷的叫豢。⑥荐：茂盛的草。⑦蝍蛆：蜈蚣。甘：以……为甘，爱吃。带：蛇。⑧鸱：猫头鹰。嗜：喜欢吃。⑨猵狙：猿的一种。⑩毛嫱：春秋时期越国绝色美女，与西施时代相当，相传为越王勾践的爱姬。⑪深入：深潜水底。⑫决骤：迅速奔跑。⑬端：头绪。⑭涂：通“途”，途径。⑮樊然：杂乱的样子。殽：通“淆”，错杂，混杂。⑯辩：通“辨”，分别。⑰泽：山泽。焚：焚烧。⑱河：指黄河。汉：指汉水。沍：冻。⑲变于己：对于自己发生变化。

ér kuàng lì hài zhī duān hū
而况利害之端乎!”

qú què zǐ wèn hū cháng wú zǐ yuē wú wén zhū fū zǐ shèng rén bù cóng shì
瞿鹊子问乎长梧子曰①:“吾闻诸夫子②:‘圣人不从事

yú wù bù jiù lì bù wéi hài bù xǐ qiú bù yuán dào wú wèi yǒu wèi yǒu
于务③,不就利④,不违害⑤,不喜求,不缘道⑥;无谓有谓⑦,有

wèi wú wèi ér yóu hū chén gòu zhī wài fū zǐ yǐ wéi mèng làng zhī yán ér wǒ yǐ
谓无谓,而游乎尘垢之外⑧。’夫子以为孟浪之言⑨,而我以

wéi miào dào zhī xíng yě wú zǐ yǐ wéi xī ruò
为妙道之行也⑩。吾子以为奚若?”

cháng wú zǐ yuē shì huáng dì zhī suǒ tīng yíng yě ér qiū yě hé zú yǐ zhī
长梧子曰:“是黄帝之所听荧也⑪,而丘也何足以知

zhī qiě rǔ yì tài zǎo jì jiàn luǎn ér qiú shí yè jiàn dàn ér qiú xiāo zhì
之⑫!且汝亦大早计⑬,见卵而求时夜⑭,见弹而求鸮炙⑮。

yú cháng wèi rǔ wàng yán zhī rǔ yǐ wàng tīng zhī xī bàng rì yuè xié yǔ zhòu
予尝为女妄言之⑯,女以妄听之奚?旁日月⑰,挟宇宙,

wéi qí wěn hé zhì qí gǔ hūn yǐ lì xiāng zūn zhòng rén yì yì shèng rén yú
为其脗合⑱,置其滑涽⑲,以隶相尊⑳。众人役役㉑,圣人愚

chūn cān wàn suì ér yī chéng chún wàn wù jìn rán ér yǐ shì xiāng yùn yú wū
芚㉒,参万岁而一成纯㉓。万物尽然,而以是相蕴㉔。予恶

hū zhī yuè shēng zhī fēi huò yé yú wū hū zhī wù sǐ zhī fēi ruò sàng ér bù zhī guī
乎知说生之非惑邪㉕!予恶乎知恶死之非弱丧而不知归

①瞿鹊子:孔门后学。长梧子:被封在长梧,又被称为长梧封人。 ②夫子:指孔子。 ③务:世务。 ④就:趋向,贪图。 ⑤违:避开。 ⑥缘道:按照道的规定行事。 ⑦无谓有谓:没有说如同说了。 ⑧尘垢:指世俗。 ⑨孟浪:荒诞。 ⑩行:途径,道路。 ⑪黄帝:古代五帝的第一个。荧:眼花缭乱。 ⑫丘:孔丘。 ⑬大早计:求之过急,操之过急。大,通“太”。 ⑭卵:鸡蛋。时夜:司夜,指鸡。 ⑮鸮:斑鸠鸟,青绿色,肉味美好吃。炙:烤肉。 ⑯尝:试。妄:随便。 ⑰奚:何不。旁:同“傍”,依傍。 ⑱为其脗合:和宇宙万物合为一体。脗,同“吻”。 ⑲滑:通“汩”,扰乱。涽:昏暗,暗昧。 ⑳以隶相尊:把世俗上尊卑看作是一样的。隶,奴仆。 ㉑役役:忙碌奔波的样子。 ㉒芚:谨慎敦厚的样子。 ㉓参:糅合。一:一体,整个。纯:单纯,不杂。 ㉔蕴:包容,包藏。 ㉕说:通“悦”。

zhě yé
者邪[1]！

lì zhī jī ài fēng rén zhī zǐ yě jìn guó zhī shǐ dé zhī yě tì qì zhān
丽之姬[2]，艾封人之子也[3]，晋国之始得之也，涕泣沾

jīn jí qí zhì yú wáng suǒ yǔ wáng tóng kuāng chuáng shí chú huàn ér hòu huǐ qí qì
襟；及其至于王所，与王同筐床[4]，食刍豢，而后悔其泣

yě yú wū hū zhī fú sǐ zhě bù huǐ qí shǐ zhī qí shēng hū mèng yǐn jiǔ zhě dàn
也。予恶乎知夫死者不悔其始之蕲生乎[5]！梦饮酒者，旦

ér kū qì mèng kū qì zhě dàn ér tián liè fāng qí mèng yě bù zhī qí mèng
而哭泣[6]；梦哭泣者，旦而田猎[7]。方其梦也[8]，不知其梦

yě mèng zhī zhōng yòu zhān qí mèng yān jué ér hòu zhī qí mèng yě qiě yǒu dà jué
也。梦之中又占其梦焉[9]，觉而后知其梦也。且有大觉

ér hòu zhī cǐ qí dà mèng yě ér yú zhě zì yǐ wéi jué qiè qiè rán zhī zhī jūn
而后知此其大梦也。而愚者自以为觉，窃窃然知之[10]。君

hū mù hū gù zāi qiū yě yǔ rǔ jiē mèng yě yú wèi rǔ mèng yì mèng
乎[11]，牧乎[12]，固哉[13]！丘也与女，皆梦也；予谓女梦，亦梦

yě shì qí yán yě qí míng wéi diào guǐ wàn shì zhī hòu ér yī yù dà shèng zhī
也。是其言也[14]，其名为吊诡[15]。万世之后而一遇大圣，知

qí jiě zhě shì dàn mù yù zhī yě
其解者，是旦暮遇之也[16]。"

jì shǐ wǒ yǔ ruò biàn yǐ ruò shèng wǒ wǒ bù ruò shèng ruò guǒ shì yě wǒ
既使我与若辩矣[17]，若胜我，我不若胜，若果是也[18]，我

guǒ fēi yě yé wǒ shèng ruò ruò bù wú shèng wǒ guǒ shì yě ér guǒ fēi yě yé
果非也邪？我胜若，若不吾胜，我果是也，而果非也邪[19]？

---

①弱：年少。丧：亡失。弱丧：指从小流亡在外的人。②丽：丽戎，春秋时的小国，也写作"骊"。姬：即骊姬，晋献公攻打丽戎，得骊姬，娶为夫人。③艾封人：骊姬是骊戎国艾地戍守边疆的人的女儿。④筐床：舒适的床。⑤蕲：求。⑥旦：早晨。⑦田猎：狩猎。⑧方：正当。⑨占：占卜。⑩窃窃然：自知的样子。⑪君：代表高贵的。⑫牧：代表卑贱的。⑬固：固执鄙陋。⑭是其言：这些话。⑮吊诡：即恢诡，荒诞。⑯是：正确。⑰我：长梧子自称。若：你。⑱果是：一定对。⑲而：你。非：错误。

qí huò shì yě qí huò fēi yě yé qí jù shì yě qí jù fēi yě yé wǒ yǔ ruò
其或是也[1]，其或非也邪？其俱是也，其俱非也邪？我与若

bù néng xiāng zhī yě zé rén gù shòu qí dǎn àn wú shuí shǐ zhèng zhī shǐ tóng hū
不能相知也，则人固受其黮闇[2]，吾谁使正之[3]？使同乎

ruò zhě zhèng zhī jì yǔ ruò tóng yǐ wū néng zhèng zhī shǐ tóng hū wǒ zhě zhèng zhī
若者正之？既与若同矣，恶能正之！使同乎我者正之？

jì tóng hū wǒ yǐ wū néng zhèng zhī shǐ yì hū wǒ yǔ ruò zhě zhèng zhī jì yì hū
既同乎我矣，恶能正之！使异乎我与若者正之？既异乎

wǒ yǔ ruò yǐ wū néng zhèng zhī shǐ tóng hū wǒ yǔ ruò zhě zhèng zhī jì tóng hū wǒ
我与若矣，恶能正之！使同乎我与若者正之？既同乎我

yǔ ruò yǐ wū néng zhèng zhī rán zé wǒ yǔ ruò yǔ rén jù bù néng xiāng zhī yě ér
与若矣，恶能正之！然则我与若与人俱不能相知也，而

dài bǐ yě yé
待彼也邪？

huà shēng zhī xiāng dài ruò qí bù xiāng dài hé zhī yǐ tiān ní yīn zhī yǐ màn
化声之相待[4]，若其不相待，和之以天倪[5]，因之以曼

yǎn suǒ yǐ qióng nián yě hé wèi hé zhī yǐ tiān ní yuē shì bù shì rán bù
衍[6]，所以穷年也[7]。何谓和之以天倪？曰：是不是，然不

rán shì ruò guǒ shì yě zé shì zhī yì hū bù shì yě yì wú biàn rán ruò guǒ rán
然。是若果是也，则是之异乎不是也，亦无辩[8]；然若果然

yě zé rán zhī yì hū bù rán yě yì wú biàn wàng nián wàng yì zhèn yú wú jìng
也，则然之异乎不然也亦无辩。忘年忘义[9]，振于无竟[10]，

gù yù zhū wú jìng
故寓诸无竟。”

---

①或：有的，指一方。②黮闇：暗昧不明的样子。③正：评判。④待：对待。⑤天倪：自然之分际。⑥因：顺应。曼衍：散漫流衍，不拘常规。⑦年：指生死的时间。⑧辩：通“辨”，别。⑨忘年忘义：忘生死忘是非。义，指是非的标准。⑩振：畅。竟：通“境”，边界。

wǎng liǎng wèn yǐng yuē nǎng zǐ xíng jīn zǐ zhǐ nǎng zǐ zuò jīn zǐ qǐ
罔两问景曰[1]："曩子行[2]，今子止；曩子坐，今子起；

hé qí wú tè cāo yú yǐng yuē wú yǒu dài ér rán zhě yé wú suǒ dài yòu yǒu
何其无特操与[3]？"景曰："吾有待而然者邪[4]？吾所待又有

dài ér rán zhě yé wú dài shé fù tiáo yì yé wū shí suǒ yǐ rán wū shí suǒ yǐ
待而然者邪？吾待蛇蚹蜩翼邪[5]？恶识所以然！恶识所以

bù rán
不然[6]！"

xī zhě zhuāng zhōu mèng wéi hú dié xǔ xǔ rán hú dié yě zì yù shì zhì yú
昔者庄周梦为胡蝶，栩栩然胡蝶也[7]，自喻适志与[8]！

bù zhī zhōu yě é rán jué zé jù jù rán zhōu yě bù zhī zhōu zhī mèng wéi hú dié
不知周也。俄然觉，则蘧蘧然周也[9]。不知周之梦为胡蝶

yú hú dié zhī mèng wéi zhōu yú zhōu yǔ hú dié zé bì yǒu fēn yǐ cǐ zhī wèi
与，胡蝶之梦为周与？周与胡蝶，则必有分矣。此之谓

wù huà
"物化"[10]。

①罔两：景外之微阴。景：古"影"字。②曩：从前。③特操：独立的操守。④待：凭借，依赖。⑤蛇蚹：蛇腹下代替足爬行的横鳞。蜩：蝉。⑥恶：如何，哪里。⑦栩栩然：生动活泼的样子。⑧喻：晓得，觉得。适志：合于心意。⑨蘧蘧然：惊醒而惊异的样子。⑩物化：化为物，万物融合为一。

yǎng shēng zhǔ
养生主

wú shēng yě yǒu yá ér zhī yě wú yá yǐ yǒu yá suí wú yá dài
吾生也有涯[1]，而知也无涯[2]。以有涯随无涯[3]，殆
yǐ yǐ ér wéi zhī zhě dài ér yǐ yǐ wéi shàn wú jìn míng wéi è wú jìn xíng
已[4]；已而为知者，殆而已矣。为善无近名[5]，为恶无近刑[6]。
yuán dū yǐ wéi jīng kě yǐ bǎo shēn kě yǐ quán xìng kě yǐ yǎng qīn kě yǐ
缘督以为经[7]，可以保身[8]，可以全生[9]，可以养亲[10]，可以
jìn nián
尽年[11]。

páo dīng wèi wén huì jūn jiě niú shǒu zhī suǒ chù jiān zhī suǒ yǐ zú zhī suǒ
庖丁为文惠君解牛[12]，手之所触[13]，肩之所倚[14]，足之所
lǚ xī zhī suǒ yǐ huā rán xiǎng rán zòu dāo huō rán mò bù zhòng yīn hé yú
履[15]，膝之所踦[16]，砉然响然[17]，奏刀騞然[18]，莫不中音[19]；合于
sāng lín zhī wǔ nǎi zhòng jīng shǒu zhī huì
《桑林》之舞[20]，乃中《经首》之会[21]。

wén huì jūn yuē xī shàn zāi jì hé zhì cǐ hū
文惠君曰："嘻[22]，善哉！技盖至此乎[23]？"

---

①涯：边际，界限。②知：知识，认识。③随：追求。④殆：危险。⑤为恶无近刑：做善事不要是为了贪图好名声。近名，贪图名声。⑥为恶无近刑：做坏事不要触犯刑罚。近刑，触犯刑罚。⑦缘：遵循，顺着。督：中，即中正之道。⑧保身：保全身躯，免受刑罚。⑨全生：生通"性"。保护天性，不必思虑。⑩养亲：奉养父母，使之无忧。⑪尽年：尽享天年，得尽全生。年：年寿，指自然寿命。⑫庖丁：厨师，名丁。文惠君：即梁惠王。解：分解，宰割。⑬所触：接触的地方。⑭倚：依靠。⑮履：踏。⑯踦：用膝顶住。⑰砉然：皮骨相离发出的响声。响然：用刀的声音。⑱奏：进。騞然：用刀解剖东西的声音。⑲中音：合于音乐的节拍。⑳桑林：汤时的乐曲名。㉑经首：尧时咸池乐曲中的一章。会：节奏。㉒嘻：赞叹声。㉓盖：通"盍"，何，为什么。

páodīng shì dāo duì yuē chén zhī suǒ hào zhě dào yě jìn hū jì yǐ shǐ
庖丁释刀对曰①：“臣之所好者道也②，进乎技矣③。始

chén zhī jiě niú zhī shí suǒ jiàn wú fēi quán niú zhě sān nián zhī hòu wèi cháng jiàn quán
臣之解牛之时，所见无非全牛者。三年之后，未尝见全

niú yě fāng jīn zhī shí chén yǐ shén yù ér bù yǐ mù shì guān zhī zhǐ ér shén yù
牛也。方今之时④，臣以神遇而不以目视⑤，官知止而神欲

xíng yī hū tiān lǐ pī dà xì dǎo dà kuǎn yīn qí gù rán zhī jīng kěn qìng
行⑥。依乎天理⑦，批大郤⑧，道大窾⑨，因其固然⑩，枝经肯綮

zhī wèi cháng wēi ài ér kuàng dà gū hū liáng páo suì gēng dāo gē yě zú páo
之未尝微碍⑪，而况大軱乎⑫！良庖岁更刀⑬，割也⑭；族庖

yuè gēng dāo zhé yě jīn chén zhī dāo shí jiǔ nián yǐ suǒ jiě shù qiān niú yǐ ér dāo
月更刀⑮，折也。今臣之刀十九年矣，所解数千牛矣，而刀

rèn ruò xīn fā yú xíng bǐ jié zhě yǒu jiàn ér dāo rèn zhě wú hòu yǐ wú hòu rù
刃若新发于硎⑯。彼节者有间，而刀刃者无厚⑰；以无厚入

yǒu jiàn huī huī hū qí yú yóu rèn bì yǒu yú dì yǐ shì yǐ shí jiǔ nián ér dāo rèn
有间，恢恢乎其于游刃必有余地矣⑱。是以十九年而刀刃

ruò xīn fā yú xíng suī rán měi zhì yú zú wú jiàn qí nán wéi chù rán wéi jiè
若新发于硎。虽然⑲，每至于族⑳，吾见其难为，怵然为戒㉑，

shì wéi zhǐ xíng wéi chí dòng dāo shèn wēi huò rán yǐ jiě niú bù zhī qí sǐ
视为止㉒，行为迟㉓。动刀甚微㉔，謋然已解㉕，牛不知其死

yě rú tǔ wěi dì tí dāo ér lì wèi zhī sì gù wèi zhī chóu chú mǎn zhì shàn
也，如土委地㉖。提刀而立，为之四顾，为之踌躇满志㉗，善

①释：放下。②好：爱好，崇尚。道：道理，即掌握技术所达到的微妙境界的规律。③进：超过。④方：现在。⑤神遇：精神上接触，指在心里感觉。⑥官知：感觉器官如眼、耳等。神：精神。⑦依：按照。天理：指牛身上自然的纹理和结构。⑧批：击，劈。郤：通“隙”，空隙，指牛身上筋骨间的空隙。⑨道：通“导”，引向。窾：牛骨节间的空隙。⑩因：顺着。固然：本来的结构。⑪枝：指经络交错。肯：附在骨头上的肉。綮：筋骨连结的地方。未尝：没有，未曾。⑫軱：大骨。⑬岁：每年。⑭割：割拉。⑮族：众，多数的。⑯硎：磨刀石。⑰厚：厚度。⑱恢恢：宽绰的样子。⑲虽然：尽管如此。⑳族：指筋骨盘结的地方。㉑怵然：小心谨慎的样子。戒：警惕小心。㉒止：定，集中。指眼神专注而集中。㉓迟：（动作）缓慢。㉔微：轻。㉕謋：牛体解开的声音。㉖委：堆积。㉗踌躇：从容自得的样子。满志：心满意得。

dāo ér cáng zhī
刀而藏之[1]。”

wén huì jūn yuē shàn zāi wú wén páo dīng zhī yán dé yǎng shēng yān
文惠君曰：“善哉！吾闻庖丁之言，得养生焉[2]。”

gōng wén xuān jiàn yòu shī ér jīng yuē shì hé rén yě wū hū jiè yě tiān yú qí rén yú yuē tiān yě fēi rén yě tiān zhī shēng shì shǐ dú yě rén zhī mào yǒu yǔ yě yǐ shì zhī qí tiān yě fēi rén yě
公文轩见右师而惊曰[3]：“是何人也？恶乎介也[4]？天与[5]，其人与[6]？”曰：“天也，非人也。天之生是使独也[7]，人之貌有与也[8]。以是知其天也[9]，非人也。”

zé zhì shí bù yī zhuó bǎi bù yī yǐn bù qí xù hū fán zhōng shén suī wàng bù shàn yě
泽雉十步一啄[10]，百步一饮，不蕲畜乎樊中[11]。神虽王[12]，不善也[13]。

lǎo dān sǐ qín shī diào zhī sān háo ér chū dì zǐ yuē fēi fū zǐ zhī yǒu yé
老聃死[14]，秦失吊之[15]，三号而出[16]。弟子曰：“非夫子之友邪[17]？”

yuē rán rán zé diào yān ruò cǐ kě hū
曰：“然。”“然则吊焉若此，可乎[18]？”

yuē rán shǐ yě wú yǐ wéi zhì rén yě ér jīn fēi yě xiàng wú rù ér
曰：“然。始也吾以为至人也，而今非也。向吾入而

①善：擦拭。②得养生焉：领悟到养生之道了。③公文轩：姓公文，名轩，相传为宋人。右师：官名，此代指任右师的人。④恶：为什么。介：个，独，意即单足。⑤天与：天造成的呢。与：读为“欤”，呢。⑥人与：人事造成的呢。⑦是：此，这个样。⑧“人之”句：按照人的样子，是赋予他双足的。与，赐与，赋予。⑨以是：因此。⑩泽雉：水泽中的野鸡。⑪蕲：通“祈”，祈求。畜：养。樊：关鸟兽的笼子。⑫王：通“旺”，精神旺盛。⑬善：好，舒服。⑭老聃：即老子，道家学派的创始人。⑮秦失：老子的朋友。吊：吊唁。⑯号：大声哭。⑰夫子：指秦失。⑱若此：像这样。可乎：行吗。

diào yān　yǒu lǎo zhě kū zhī　rú kū qí zǐ　shào zhě kū zhī　rú kū qí mǔ　bǐ qí
吊焉[1]，有老者哭之，如哭其子；少者哭之，如哭其母。彼其

suǒ yǐ huì zhī　bì yǒu bù qí yàn ér yàn　bù qí kū ér kū zhě　shì dùn tiān bèi
所以会之[2]，必有不蕲言而言[3]，不蕲哭而哭者。是遁天倍

qíng　wàng qí suǒ shòu　gǔ zhě wèi zhī dùn tiān zhī xíng　shì lái　fū zǐ shí yě
情[4]，忘其所受[5]，古者谓之遁天之刑[6]。适来，夫子时也；

shì qù　fū zǐ shùn yě　ān shí ér chǔ shùn　āi lè bù néng rù yě　gǔ zhě wèi shì
适去，夫子顺也[7]。安时而处顺[8]，哀乐不能入也，古者谓是

dì zhī xuán jiě
帝之县解[9]。”

zhī qióng yú wéi xīn　huǒ chuán yě　bù zhī qí jìn yě
指穷于为薪[10]，火传也[11]，不知其尽也。

①向：刚才。②彼：众人。③不蕲：不期望。言：通“唁”，吊唁。④遁：违反。倍：通“背”，违背。⑤所受：禀受的本性。⑥遁天之刑：违背了天理所得到的刑罚。⑦来、去：指生、死。⑧时：适时，应运。顺：顺乎自然。⑨帝：天帝。县：通“悬”，倒挂。这里说人死亡了，就了无牵挂，没有束缚了。⑩指：通“脂”，油脂。穷：指燃尽。⑪火：火种。传：流传。

rén jiān shì

人间世

yán huí jiàn zhòng ní qǐng xíng
颜回见仲尼[1]，请行。

yuē xī zhī yuē jiāng zhī wèi
曰："奚之？"曰："将之卫[2]。"

yuē xī wéi yān
曰："奚为焉？"

yuē huí wén wèi jūn qí nián zhuàng qí xíng dú qīng yòng qí guó ér bù
曰："回闻卫君[3]，其年壮，其行独[4]，轻用其国，而不

jiàn qí guò qīng yòng mín sǐ sǐ zhě yǐ guó liàng hū zé ruò jiāo mín qí wú rú
见其过[5]；轻用民死[6]，死者以国量乎泽，若蕉[7]，民其无如

yǐ huí cháng wén zhī fū zǐ yuē zhì guó qù zhī luàn guó jiù zhī yī mén duō
矣[8]，回尝闻之夫子曰[9]：'治国去之[10]，乱国就之[11]，医门多

jí yuàn yǐ suǒ wén sī qí suǒ xíng zé shù jī qí guó yǒu chōu hū
疾[12]。'愿以所闻，思其所行，则庶几其国有瘳乎[13]！"

zhòng ní yuē xī ruò dài wǎng ér xíng ěr fú dào bù yù zá zá zé
仲尼曰："嘻！若殆往而刑耳[14]！夫道不欲杂，杂则

duō duō zé rǎo rǎo zé yōu yōu ér bù jiù gǔ zhī zhì rén xiān cún zhū jǐ ér
多，多则扰[15]，扰则忧[16]，忧而不救。古之至人，先存诸己而

---

①颜回：姓颜名回，字子渊，孔子最得意的弟子。仲尼：孔子的字。②卫：春秋时的诸侯国，在今河南境内。③卫君：卫庄公蒯聩（kuǎi kuì）。④独：专横独断。⑤轻：轻率。用：治理。过：过失。⑥用：以为，看待。⑦"死者"句：国，区域。量，填满。泽，沼泽。蕉，草芥。死的人填满了整个区域，好像干枯的草芥一般。⑧如：归依。⑨夫子：您，指孔子。⑩去：离开。⑪就：前往，靠近。⑫医门：医生家门前。疾：病人。⑬则：法则，办法，指救治卫国的办法。瘳：病愈。⑭殆：恐怕，大概。刑：刑罚。⑮扰：乱。⑯忧：忧患。

hòu cún zhū rén suǒ cún yú jǐ zhě wèi dìng hé xiá zhì yú bào rén zhī suǒ xíng qiě
后存诸人①。所存于己者未定，何暇至于暴人之所行②！且

ruò yì zhī fú dé zhī suǒ dàng ér zhì zhī suǒ wéi chū hū zāi dé dàng hū míng zhì chū
若亦知夫德之所荡而知之所为出乎哉③？德荡乎名，知出

hū zhēng míng yě zhě xiāng yà yě zhì yě zhě zhēng zhī qì yě èr zhě xiōng
乎争④。名也者，相轧也⑤；知也者，争之器也⑥。二者凶

qì fēi suǒ yǐ jìn xíng yě
器，非所以尽行也⑦。

qiě dé hòu xìn kòng wèi dá rén qì míng wèn bù zhēng wèi dá rén xīn ér
且德厚信矼⑧，未达人气⑨，名闻不争，未达人心。而

qiáng yǐ rén yì shéng mò zhī yán xuàn bào rén zhī qián zhě shì yǐ rén è yù qí měi
强以仁义绳墨之言⑩，炫暴人之前者⑪，是以人恶育其美

yě mìng zhī yuē zāi rén zāi rén zhě rén bì fǎn zāi zhī ruò dài wéi rén zāi fú
也⑫，命之曰菑人⑬。菑人者，人必反菑之，若殆为人菑夫⑭！

qiě gǒu wéi yuè xián ér wù bù xiào wū yòng ér qiú yǒu yǐ yì ruò wéi wú
且苟为悦贤而恶不肖⑮，恶用而求有以异⑯？若唯无

zhào wáng gōng bì jiāng chéng rén ér dòu qí jié ér mù jiāng yíng zhī ér sè jiāng píng
诏⑰，王公必将乘人而斗其捷。而目将荧之⑱，而色将平

zhī kǒu jiāng yíng zhī róng jiāng xíng zhī xīn qiě chéng zhī shì yǐ huǒ jiù huǒ
之⑲，口将营之⑳，容将形之㉑，心且成之㉒。是以火救火，

yǐ shuǐ jiù shuǐ míng zhī yuē yì duō shùn shǐ wú qióng ruò dài yǐ bù xìn hòu yán
以水救水，名之曰益多。顺始无穷㉓，若殆以不信厚言㉔，

①存：立，确立。②暇：闲暇。③荡：(道德)沦丧，败坏。④“知之所为出乎哉”、“知出乎争”，“知也者”：知通“智”。⑤轧：倾轧。⑥器：工具。⑦尽行：施行于世。⑧德厚：道德纯厚。信矼：行为诚实。矼，诚实的样子。⑨达：通达。人气：他人的感情。⑩绳墨：本指木匠划线用的工具，这里引申为法度法规。⑪炫：卖弄。⑫以：用，通过。育：有，显示。原作“有”，依俞樾说：“‘有’者，‘育’字之误” ⑬菑：“灾”的异体字，害。⑭若：你。殆：大概。为：被。⑮恶：讨厌。不肖：坏人。⑯恶：何。而：你。⑰诏：诤谏。⑱而：你。荧：眩惑。⑲平：平静。⑳营：迷惑，被迷惑而说话错乱。㉑形之：表现出来理屈顺从的样子。㉒成：依顺。㉓顺：沿着。㉔若：你。不信：不被信任。厚言：一再言说，反复谏诤。

bì sǐ yú bào rén zhī qián yǐ
必死于暴人之前矣！

qiě xī zhě jié shā guān lóngpáng zhòu shā wáng zǐ bǐ gān shì jiē xiū qí shēn yǐ
且昔者桀杀关龙逄[1]，纣杀王子比干[2]，是皆修其身以
xià yǔ fǔ rén zhī mín yǐ xià fú qí shàng zhě yě gù qí jūn yīn qí xiū yǐ jǐ
下伛拊人之民[3]，以下拂其上者也[4]，故其君因其修以挤
zhī shì hào míng zhě yě xī zhě yáo gōng cóng zhī xū áo yǔ gōng yǒu hù
之[5]。是好名者也。昔者尧攻丛、枝、胥敖[6]，禹攻有扈[7]，
guó wèi xū lì shēn wèi xíng lù qí yòng bīng bù zhǐ qí qiú shí wú yǐ shì jiē
国为虚厉[8]，身为刑戮[9]，其用兵不止[10]，其求实无已[11]。是皆
qiú míng shí zhě yě ér dú bù wén zhī hū míng shí zhě shèng rén zhī suǒ bù néng
求名实者也[12]。而独不闻之乎？名实者，圣人之所不能
shèng yě ér kuàng ruò hū suī rán ruò bì yǒu yǐ yě cháng yǐ yù wǒ lái
胜也[13]，而况若乎[14]！虽然，若必有以也[15]，尝以语我来[16]！”

yán huí yuē duān ér xū miǎn ér yī zé kě hū
颜回曰：“端而虚[17]，勉而一[18]，则可乎？”

yuē wū wū kě fú yǐ yáng wéi chōng kǒng yáng cǎi sè bù dìng
曰：“恶！恶可[19]！夫以阳为充孔扬[20]，采色不定[21]，
cháng rén zhī suǒ bù wéi yīn àn rén zhī suǒ gǎn yǐ qiú róng yǔ qí xīn míng zhī
常人之所不违[22]，因案人之所感[23]，以求容与其心[24]。名之
yuē rì jiàn zhī dé bù chéng ér kuàng dà dé hū jiāng zhí ér bù huà wài hé ér
曰日渐之德不成[25]，而况大德乎！将执而不化[26]，外合而

---

①桀：夏桀，夏朝最后一位国君，暴虐成性。关龙逄：桀时忠臣，因忠谏被杀。②纣：商纣王。比干：纣王的叔父，因忠谏被挖心。③伛拊：怜爱抚养。④拂：违逆。⑤因其修以挤之：因为他们修养太好而加以迫害。挤，排挤。⑥丛、枝、胥敖：三个小国的名。⑦有扈：夏初的一个部落名。⑧虚：通“墟”，废墟。厉：厉鬼。⑨身：本身，指以上四国的国君。⑩其：指尧与禹。⑪实：实际的利益。已：停止。⑫名：名声。⑬胜：克服。⑭若：你。⑮有以：有什么理由。⑯尝：试。语：告诉。⑰端：态度端正庄重。虚：谦虚。⑱勉：努力勤恳。一：心志专一。⑲恶：表示否定语气。⑳阳：阳刚之气，指刚猛威武的气质。充：充满。孔：很。扬：张扬。㉑采色不定：采色，神采颜色，即表情。指卫君喜怒无常。㉒不违：不敢触犯。㉓案：压抑。感：思想活动。㉔容与：顺从。㉕日渐之德：每天有点进步的道德，即小德。㉖执而不化：固执己见而不能随物变化。

nèi bù zǐ qí yōng jù kě hū
内不訾[1]，其庸讵可乎[2]！”

rán zé wǒ nèi zhí ér wài qū chéng ér shàng bǐ nèi zhí zhě yǔ tiān wéi
“然则我内直而外曲[3]，成而上比[4]；内直者，与天为

tú yǔ tiān wéi tú zhě zhī tiān zǐ zhī yǔ jǐ jiē tiān zhī suǒ zǐ ér dú yǐ jǐ yán
徒[5]，与天为徒者，知天子之与己皆天之所子[6]，而独以己言

qí hū ér rén shàn zhī qí hū ér rén bù shàn zhī yé ruò rán zhě rén wèi zhī tóng
蕲乎而人善之[7]，蕲乎而人不善之邪？若然者，人谓之童

zǐ shì zhī wèi yǔ tiān wéi tú wài qū zhě yǔ rén wéi tú yě qíng jì qū quán
子[8]，是之谓与天为徒。外曲者，与人为徒也。擎跽曲拳[9]，

rén chén zhī lǐ yě rén jiē wéi zhī wú gǎn bù wéi yé wéi rén zhī suǒ wéi zhě rén yì
人臣之礼也，人皆为之，吾敢不为邪！为人之所为者，人亦

wú cī yān shì zhī wèi yǔ rén wéi tú chéng ér shàng bǐ zhě yǔ gǔ wéi tú qí
无疵焉[10]，是之谓与人为徒。成而上比者，与古为徒。其

yán suī jiào zhé zhī shí yě gǔ zhī yǒu yě fēi wú yǒu yě ruò rán zhě suī zhí ér
言虽教，谪之实也[11]，古之有也，非吾有也。若然者，虽直而

bù bìng shì zhī wèi yǔ gǔ wéi tú ruò shì zé kě hū
不病[12]，是之谓与古为徒。若是则可乎？”

zhòng ní yuē wū wū kě tài duō zhèng fǎ ér bù dié suī gù yì wú
仲尼曰：“恶！恶可！大多政法而不谍[13]，虽固亦无

zuì suī rán zhǐ shì ěr yǐ fú hú kě yǐ jí huà yóu shī xīn zhě yě
罪[14]。虽然，止是耳矣[15]，夫胡可以及化[16]！犹师心者也[17]。”

---

①外合：表面上投合。訾：诋毁，引申为批评。②庸讵：何以，怎么。③内直：内心正直而无偏见。外曲：表面委曲求全。④成：指古已有的言论。上：从前。⑤与天为徒：和自然同类，意为随着自然而变化。天，自然。徒，同类。⑥子：养育的孩子。⑦“而独”句：而偏要让自己的主张得到别人称赞么？蕲，希望。善，称善。⑧童子：比喻天真无邪，像孩子。⑨擎：拱手。跽：长跪。曲拳：躬身抱拳。⑩疵：毛病。用作动词，非难，毁谤。⑪谪：谴责，责备。⑫病：灾祸。⑬大：通“太”。政：通“正”。谍：通达。⑭固：浅陋。⑮“虽然”句：即使如此，不过这样罢了。⑯胡：怎么。及化：感化别人。⑰师心：以自己的心为师，执着于自己的成见。

yán huí yuē wú wú yǐ jìn yǐ gǎn wèn qí fāng zhòng ní yuē zhāi wú
颜回曰："吾无以进矣[1]，敢问其方。"仲尼曰："斋[2]，吾

jiāng yù ruò yǒu xīn ér wéi zhī qí yì yé yì zhī zhě hào tiān bù yí yán huí
将语若！有心而为之，其易邪？易之者，暤天不宜[3]。"颜回

yuē huí zhī jiā pín wéi bù yǐn jiǔ bù rú hūn zhě shù yuè yǐ rú cǐ zé kě yǐ
曰："回之家贫，唯不饮酒不茹荤者数月矣[4]。如此，则可以

wéi zhāi hū yuē shì jì sì zhī zhāi fēi xīn zhāi yě huí yuē gǎn wèn xīn
为斋乎？"曰："是祭祀之斋[5]，非心斋也。"回曰："敢问心

zhāi zhòng ní yuē ruò yī zhì wú tīng zhī yǐ ěr ér tīng zhī yǐ xīn wú tīng zhī
斋。"仲尼曰："若一志[6]，无听之以耳而听之以心，无听之

yǐ xīn ér tīng zhī yǐ qì ěr zhǐ yú tīng xīn zhǐ yú fú qì yě zhě xū ér
以心而听之以气[7]！耳止于听，心止于符[8]。气也者，虚而

dài wù zhě yě wéi dào jí xū xū zhě xīn zhāi yě
待物者也。唯道集虚。虚者，心斋也。"

yán huí yuē huí zhī wèi shǐ dé shǐ shí yǒu huí yě dé shǐ zhī yě wèi shǐ
颜回曰："回之未始得使[9]，实有回也；得使之也，未始

yǒu huí yě kě wèi xū hū fū zǐ yuē jìn yǐ wú yù ruò ruò néng rù yóu
有回也；可谓虚乎？"夫子曰："尽矣[10]。吾语若！若能入游

qí fán ér wú hàn qí míng rù zé míng bù rù zé zhǐ wú mén wú dú yī zhái
其樊而无感其名[11]，入则鸣，不入则止[12]。无门无毒[13]，一宅

ér yù yú bù dé yǐ zé jī yǐ jué jì yì wú xíng dì nán wéi rén shǐ yì
而寓于不得已[14]，则几矣[15]。绝迹易[16]，无行地难。为人使易

①无以进：没有办法进谏。②斋：斋戒，清除内心的欲望杂念。③暤天不宜：与自然之理不合。暤，广大。④茹：吃。荤：肉食。⑤祭祀之斋：祭祀前的斋戒。吃素，整洁自己。⑥一志：心志专一，没有杂念。⑦"无听之以耳……听之以气"：不用耳听而用心体会，不用心体会而用气感知。⑧止：停止。符：接合，接触。⑨得使：受教。⑩尽矣：指达到了心斋的境界了。⑪樊：藩篱，指卫国。⑫"入则"句：能听得进去，接纳你的意见就说，不能接纳你的意见就不要说。入，听进去。⑬无门：不要摆出医师的门面。无毒：不要把自己的主张看作是治人的药方。⑭宅：安居，安处。一宅：完全安处。不得已：无可奈何。⑮几：差不多。⑯迹：脚印。

yǐ wěi wéi tiān shǐ nán yǐ wěi wén yǐ yǒu yì fēi zhě yǐ wèi wén yǐ wú yì fēi
以伪，为天使难以伪[1]。闻以有翼飞者矣[2]，未闻以无翼飞

zhě yě wén yǐ yǒu zhì zhī zhě yǐ wèi wén yǐ wú zhì zhī zhě yě zhān bǐ què zhě
者也；闻以有知知者矣，未闻以无知知者也。瞻彼阕者[3]，

xū shì shēng bái jí xiáng zhǐ zhǐ fú qiě bù zhǐ shì zhī wèi zuò chí fú xùn
虚室生白[4]，吉祥止止[5]。夫且不止，是之谓“坐驰”。夫徇

ěr mù nèi tōng ér wài yú xīn zhì guǐ shén jiāng lái shě ér kuàng rén hū shì wàn wù
耳目内通而外于心知[6]，鬼神将来舍[7]，而况人乎！是万物

zhī huà yě yǔ shùn zhī suǒ niǔ yě fú xī jī qú zhī suǒ xíng zhōng ér kuàng sǎn yān
之化也，禹舜之所纽也[8]，伏羲几蘧之所行终[9]，而况散焉

zhě hū
者乎[10]！”

shè gōng zǐ gāo jiāng shǐ yú qí wèn yú zhòng ní yuē wáng shǐ zhū liáng yě shèn
叶公子高将使于齐[11]，问于仲尼曰：“王使诸梁也甚

zhòng qí zhī dài shǐ zhě gài jiāng shèn jìng ér bù jí pǐ fū yóu wèi kě dòng ér
重[12]，齐之待使者，盖将甚敬而不急。匹夫犹未可动，而

kuàng zhū hóu hū wú shèn lì zhī zǐ cháng yù zhū liáng yě yuē fán shì ruò xiǎo
况诸侯乎[13]！吾甚慄之[14]。子常语诸梁也曰：‘凡事若小

ruò dà guǎ bù dào yǐ huān chéng shì ruò bù chéng zé bì yǒu rén dào zhī huàn
若大[15]，寡不道以懽成[16]。事若不成，则必有人道之患[17]；

shì ruò chéng zé bì yǒu yīn yáng zhī huàn ruò chéng ruò bù chéng ér hòu wú huàn zhě
事若成，则必有阴阳之患[18]。若成若不成而后无患者，

---

①使：驱使。②翼：翅膀。③瞻：观望。阕者：空虚的境界。④虚室生白：空明的心境生出光明。生，出现。白，纯净。⑤吉祥止止：吉祥善福，就会来临停止在凝静的心灵里。止止，前一个“止”是动词“来临”，后一“止”为语尾助词。⑥徇：通“循”，顺着。知，通智。⑦舍：居。⑧所纽：治理天下的关键。⑨伏羲、几蘧：都是传说中的上古君王。所行终：作为终身奉行的准则。⑩散：众，平庸的人。⑪叶子高：楚庄王玄孙，被封于叶地，字子高。⑫王：指楚庄王。重：指出使所负的责任重大。⑬“匹夫”句：自己连一个普通的人都不能感动，何况要感化一个诸侯呢。动，感动。⑭慄：因害怕而肢体颤动。⑮若：或者。⑯寡不道以懽成：很少有不靠道来获得美好成功的。寡，少。懽，同“欢”。⑰人道：人事。⑱阴阳之患：指或悲或喜的感情会引起身体阴阳失调，伤害身心。

wéi yǒu dé zhě néng zhī wú shí yě zhí cū ér bù zāng cuàn wú yù qìng zhī rén
唯有德者能之。'吾食也执粗而不臧[1]，爨无欲清之人[2]。

jīn wú zhāo shòu mìng ér xī yǐn bīng wǒ qí nèi rè yú wú wèi zhì hū shì zhī qíng
今吾朝受命而夕饮冰[3]，我其内热与！吾未至乎事之情，

ér jì yǒu yīn yáng zhī huàn yǐ shì ruò bù chéng bì yǒu rén dào zhī huàn shì liǎng
而既有阴阳之患矣；事若不成，必有人道之患。是两

yě wéi rén chén zhě bù zú yǐ rèn zhī zǐ qí yǒu yǐ yù wǒ lái
也[4]，为人臣者不足以任之[5]，子其有以语我来！"

zhòng ní yuē tiān xià yǒu dà jiè èr qí yī mìng yě qí yī yì yě
仲尼曰："天下有大戒二[6]：其一，命也；其一，义也。

zǐ zhī ài qīn mìng yě bù kě jiě yú xīn chén zhī shì jūn yì yě wú shì ér fēi
子之爱亲[7]，命也，不可解于心；臣之事君[8]，义也，无适而非

jūn yě wú suǒ táo yú tiān dì zhī jiān shì zhī wèi dà jiè shì yǐ fú shì qí qīn
君也[9]，无所逃于天地之间。是之谓大戒，是以夫事其亲

zhě bù zé dì ér ān zhī xiào zhī zhì yě fú shì qí jūn zhě bù zé shì ér ān
者[10]，不择地而安之[11]，孝之至也；夫事其君者，不择事而安

zhī zhōng zhī shèng yě zì shì qí xīn zhě āi lè bù yì shī hū qián zhī qí bù
之，忠之盛也[12]；自事其心者[13]，哀乐不易施乎前[14]，知其不

kě nài hé ér ān zhī ruò mìng dé zhī zhì yě wéi rén chén zǐ zhě gù yǒu suǒ bù dé
可奈何而安之若命，德之至也。为人臣子者，固有所不得

yǐ xíng shì zhī qíng ér wàng qí shēn hé xiá zhì yú yuè shēng ér wù sǐ fū zǐ
已。行事之情而忘其身[15]，何暇至于悦生而恶死[16]！夫子

qí xíng kě yǐ
其行可矣。

①执：取，择取。臧：善，好。②爨：烧火做饭。清：通"凊"，凉。③冰：凉水。④两：指前面说的"人道之患"与"阴阳之患"的两种情况。⑤任：承受，承担。⑥大戒：指人生足以为戒的大法。⑦亲：父母双亲。⑧事君：侍奉君主。⑨"无适"句：无论到什么地方任何国家都不能没有国君。⑩是以：因此。⑪安之：使之安，让（父母）安适。⑫盛：最，极致。⑬事：调养。⑭施：影响。前：当前，指当前的心情。⑮行：实行，执行。忘其身：忘却自身的得失哀乐。⑯恶：讨厌。

qiū qǐng fù yǐ suǒ wén fán jiāo jìn zé bì xiāng mǐ yǐ xìn jiāo yuǎn zé bì
丘请复以所闻[1]：凡交近则必相靡以信[2]，交远则必

zhōng zhī yǐ yán yán bì huò chuán zhī fú chuán liǎng xǐ liǎng nù zhī yán tiān xià zhī
忠之以言[3]，言必或传之。夫传两喜两怒之言，天下之

nán zhě yě fú liǎng xǐ bì duō yì měi zhī yán liǎng nù bì duō yì è zhī yán
难者也。夫两喜必多溢美之言[4]，两怒必多溢恶之言[5]。

fán yì zhī lèi wàng wàng zé qí xìn zhī yě mò mò zé chuán yán zhě yāng gù fǎ
凡溢之类妄[6]，妄则其信之也莫[7]，莫则传言者殃。故法

yán yuē chuán qí cháng qíng wú chuán qí yì yán zé jī hū quán
言曰[8]：'传其常情[9]，无传其溢言，则几乎全[10]。'

qiě yǐ qiǎo dòu lì zhě shǐ hū yáng cháng zú hū yīn tài zhì zé duō qí
且以巧斗力者[11]，始乎阳[12]，常卒乎阴[13]，泰至则多奇

qiǎo yǐ lǐ yǐn jiǔ zhě shǐ hū zhì cháng zú hū luàn tài zhì zé duō qí lè
巧[14]；以礼饮酒者，始乎治[15]，常卒乎乱[16]，泰至则多奇乐[17]。

fán shì yì rán shǐ hū liàng cháng zú hū bǐ qí zuò shǐ yě jiǎn qí jiāng bì yě
凡事亦然。始乎谅[18]，常卒乎鄙[19]；其作始也简[20]，其将毕也

bì jù yán zhě fēng bō yě xíng zhě shí sàng yě fú fēng bō yì yǐ dòng shí
必巨[21]。言者，风波也；行者，实丧也[22]。夫风波易以动，实

sàng yì yǐ wēi gù fèn shè wú yóu qiǎo yán piǎn cí shòu sǐ bù zé yīn qì xī
丧易以危。故忿设无由[23]，巧言偏辞[24]。兽死不择音[25]，气息

bó rán yú shì bìng shēng lì xīn kè hé tài zhì zé bì yǒu bù xiào zhī xīn yìng
茀然[26]，于是并生厉心[27]。剋核太至[28]，则必有不肖之心应

①复：再。②交：交往，指国家间的外交。靡：亲顺。③忠之以言：以语言来表达忠诚。④两喜：双方都高兴。溢美：夸大了好的地方。溢，夸张。⑤两怒：双方都愤怒。溢恶：夸大了坏处。⑥类：接近。妄：荒诞。⑦信之也莫：即将信将疑。莫通"漠"，淡漠。⑧法言：古代的格言。⑨常情：基本内容，实事求是。⑩全：保全。⑪以巧斗力：凭借智巧争斗。⑫阳：公开的。⑬常：往往。阴：指暗中的。⑭泰至：太过分。奇巧：异乎寻常的机巧，此指阴谋诡计。⑮治：有规矩。⑯乱：指喝多了就开始乱了规矩了。⑰奇乐：异乎寻常的快乐，指醉酒狂欢。⑱谅：诚实。⑲鄙：卑鄙。⑳简：简单。㉑毕：完成。巨：复杂。㉒实丧：得失。㉓忿：愤怒。设：立，形成，发作。由：原因。㉔偏辞：偏通"谝"。偏激的言辞。㉕不择音：发出怪叫声。㉖茀然：茀通"勃"，气息急促的样子。㉗厉心：心中的恶念，害人之心。㉘剋核：苛刻。

zhī ér bù zhī qí rán yě gǒu wéi bù zhī qí rán yě shú zhī qí suǒ zhōng gù
之[1]，而不知其然也。苟为不知其然也，孰知其所终[2]！故

fǎ yán yuē wú qiān lìng wú quàn chéng guò dù yì yě qiān lìng quàn chéng dài
法言曰：‘无迁令[3]，无劝成[4]，过度益也[5]。’迁令劝成殆

shì měi chéng zài jiǔ è chéng bù jí gǎi kě bù shèn yú qiě fú chéng wù yǐ yóu
事[6]，美成在久，恶成不及改[7]，可不慎与！且夫乘物以游

xīn tuō bù dé yǐ yǐ yǎng zhōng zhì yǐ hé zuò wéi bào yě mò ruò wéi zhì
心[8]，托不得已以养中[9]，至矣。何作为报也！莫若为致

mìng cǐ qí nán zhě
命，此其难者[10]。”

yán hé jiāng fù wèi líng gōng tài zǐ ér wèn yú qú bó yù yuē yǒu rén yú
颜阖将傅卫灵公太子[11]，而问于蘧伯玉曰[12]：“有人于

cǐ qí dé tiān shā yǔ zhī wéi wú fāng zé wēi wú guó yǔ zhī wéi yǒu fāng zé
此，其德天杀[13]。与之为无方[14]，则危吾国；与之为有方，则

wēi wú shēn qí zhì shì zú yǐ zhī rén zhī guò ér bù zhī qí suǒ yǐ guò ruò rán
危吾身。其知适足以知人之过[15]，而不知其所以过。若然

zhě wú nài zhī hé
者，吾奈之何？”

qú bó yù yuē shàn zāi wèn hū jiè zhī shèn zhī zhèng rǔ shēn yě zāi
蘧伯玉曰：“善哉问乎！戒之，慎之，正汝身也哉[16]！

xíng mò ruò jiù xīn mò ruò hé suī rán zhī èr zhě yǒu huàn jiù bù yù rù
形莫若就[17]，心莫若和[18]。虽然，之二者有患。就不欲入[19]，

①不肖：不善。应：报答。②终：结果。③迁令：改变命令。④劝成：促成。⑤益：通“溢”。⑥殆事：害事，把事情办坏。⑦“美成”句：美德的形成是长期的，但变坏就快得连悔改都来不及了。美成：做成美好的事情。⑧乘物以游心：心神随着外物的变化而遨游。⑨养中：保养心性。⑩“莫若”句：不如如实地传达国君的指示，这样会有困难么？莫若，不如。致命：传达命令。⑪颜阖：姓颜名阖，传为鲁国贤人。傅：做……的师傅，老师。卫灵公太子：指蒯聩。⑫蘧伯玉：姓蘧，名瑗，字伯玉，卫国的贤大夫。⑬天杀：天生凶残，嗜杀。⑭与之：对待他。无方：没有原则。⑮知：通“智”。适足：仅仅能。⑯正汝身：端正你自己本身。⑰形莫若就：外在要表现出和他很亲近的样子。形：表面上。就：亲近。⑱心莫若和：内心不如存在着诱导顺从之心。和：顺从。⑲就不欲入：接近却又不要陷进去。入，陷入，即不苟同。

hé bù yù chū xíng jiù ér rù qiě wéi diān wéi miè wéi bēng wéi jué xīn hé ér

和不欲出①。形就而入，且为颠为灭②，为崩为蹶③。心和而

chū qiě wéi shēng wéi míng wéi yāo wéi niè bǐ qiě wéi yīng ér yì yǔ zhī wéi yīng

出，且为声为名，为妖为孽④。彼且为婴儿⑤，亦与之为婴

ér bǐ qiě wéi wú tǐng qí yì yǔ zhī wéi wú tǐng qí bǐ qiě wéi wú yá yì yǔ zhī

儿；彼且为无町畦⑥，亦与之为无町畦；彼且为无崖，亦与之

wéi wú yá dá zhī rù yú wú cī

为无崖。达之，入于无疵⑦。

rǔ bù zhī fú táng láng hū nù qí bì yǐ dāng chē zhé bù zhī qí bù shèng rèn

汝不知夫螳螂乎？怒其臂以当车辙⑧，不知其不胜任

yě shì qí cái zhī měi zhě yě jiè zhī shèn zhī jī fá ér měi zhě yǐ fàn zhī

也，是其才之美者也⑨。戒之，慎之！积伐而美者以犯之，

jī yǐ

几矣⑩。

rǔ bù zhī fú yǎng hǔ zhě hū bù gǎn yǐ shēng wù yǔ zhī wéi qí shā zhī zhī

汝不知夫养虎者乎？不敢以生物与之⑪，为其杀之之

nù yě bù gǎn yǐ quán wù yǔ zhī wéi qí jué zhī zhī nù yě shí qí jī bǎo dá

怒也；不敢以全物与之⑫，为其决之之怒也⑬；时其饥饱⑭，达

qí nù xīn hǔ zhī yǔ rén yì lèi ér mèi yǎng jǐ zhě shùn yě gù qí shā zhī zhě

其怒心⑮。虎之与人异类而媚养己者⑯，顺也；故其杀之者，

nì yě

逆也⑰。

---

①和不欲出：和顺诱导又不要太显露出来。出，显示。②且：将要。颠：颠倒，堕落。灭：灭亡，毁坏。③崩：垮。蹶：跌倒，失败。④妖、孽：灾祸。⑤婴儿：比喻天真无知。⑥町畦：田界，引申为限制、约束。⑦"达之"句：达到了这些，就能够进入一个无可挑剔的境界。疵，毛病。⑧怒：奋举。车辙：本意是车轮碾过的痕迹，这里指车轮。⑨是：自负。美：（螳螂）认为自己的臂得意可观。⑩"积伐"句：你如果总是夸耀自己的长处去触犯他（太子），那就和螳螂差不多了。积，多次，屡次。伐，夸耀。而，你。⑪生物：活的动物。⑫全物：完整的动物。⑬决：撕裂。⑭时：时间，用为动词，掌握时间。⑮达其怒心：对它发怒的性情要加以引导，即使它在可能发怒时不至于发怒。这里以虎来比喻太子。达，引导。⑯媚：服从。⑰"故其"句：所以老虎伤人是因为有人触犯了它。杀，伤人。逆，触犯。指人触犯了它。

fú ài mǎ zhě yǐ kuāng chéng shǐ yǐ shèn chéng nì shì yǒu wén méng pū
夫爱马者，以筐盛矢[1]，以蜃盛溺[2]。适有蚊虻仆
yuán ér fǔ zhī bù shí zé quē xián huǐ shǒu suì xiōng yì yǒu suǒ zhì ér ài yǒu
缘[3]，而拊之不时[4]，则缺衔毁首碎胸[5]。意有所至而爱有
suǒ wáng kě bù shèn yé
所亡[6]，可不慎邪！”

jiàng shí zhī qí zhì yú qū yuán jiàn lì shè shù qí dà bì shù qiān
匠石之齐[7]，至于曲辕[8]，见栎社树[9]。其大蔽数千
niú xié zhī bǎi wéi qí gāo lín shān shí rèn ér hòu yǒu zhī qí kě yǐ wéi zhōu zhě
牛[10]，絜之百围[11]，其高临山[12]，十仞而后有枝，其可以为舟者
fāng shí shù guān zhě rú shì jiàng bó bù gù suì xíng bù chuò dì zǐ yàn guān
旁十数[13]。观者如市[14]，匠伯不顾[15]，遂行不辍[16]。弟子厌观
zhī zǒu jí jiàng shí yuē zì wú zhí fǔ jīn yǐ suí fū zǐ wèi cháng jiàn cái rú
之[17]，走及匠石[18]，曰：“自吾执斧斤以随夫子[19]，未尝见材如
cǐ qí měi yě xiān shēng bù kěn shì xíng bù chuò hé yé
此其美也。先生不肯视，行不辍，何邪？”

yuē yǐ yǐ wù yán zhī yǐ sǎn mù yě yǐ wéi zhōu zé chén yǐ wéi guān
曰：“已矣，勿言之矣！散木也[20]，以为舟则沈，以为棺
guǒ zé sù fǔ yǐ wéi qì zé sù huǐ yǐ wéi mén hù zé yè mán yǐ wéi zhù zé
椁则速腐[21]，以为器则速毁[22]，以为门户则液樠[23]，以为柱则
dù shì bù cái zhī mù yě wú suǒ kě yòng gù néng ruò shì zhī shòu
蠹[24]。是不材之木也，无所可用，故能若是之寿。”

---

①矢：通“屎”，指马粪。②溺：尿。③适：偶然。蚊虻：牛虻。仆：附着在。缘：攀附。④拊：拍打。不时：不合适的时间。⑤缺衔：咬断马勒。首：指马笼头。胸：指马肚带。⑥“意有”句：爱马之意是极其周到的，但过分的爱却反而造成了损失。意，爱马的心意。亡，失。⑦匠石：姓石的木工。⑧曲辕：地名。⑨栎：树名。社：祭祀土地神的庙。⑩蔽：遮蔽。⑪絜：用绳量。围：两手合抱的长度。⑫临山：高出山顶。临：从高往下看。⑬为舟：造船。旁：通“方”，将近。⑭市：集市。形容人多热闹。⑮顾：回头看。⑯遂：竟然。辍：停止。⑰厌观：饱看，看了很长时间。⑱走：跑。⑲执斧斤：指学做木匠活。⑳散木：不成材的木。㉑沈：通“沉”。棺：棺材。椁：同“椁”。棺材外再有一层，叫椁。㉒器：器物，用具。㉓液樠：樠，渗溢出来的样子。树的脂液流出。㉔蠹：蛀虫。

jiàng shí guī lì shè jiàn mèng yuē rǔ jiāng wū hū bǐ yú zāi ruò jiāng bǐ
匠石归，栎社见梦曰①：“女将恶乎比予哉？若将比
yú yú wén mù yé fú zhā lí jú yòu guǒ luǒ zhī shǔ shí shú zé bō bō zé
予于文木邪②？夫柤梨橘柚，果蓏之属③，实熟则剥④，剥则
rǔ dà zhī zhé xiǎo zhī yè cǐ yǐ qí néng kǔ qí shēng zhě yě gù bù zhōng qí
辱⑤；大枝折，小枝泄⑥。此以其能苦其生者也⑦，故不终其
tiān nián ér zhōng dào yāo zì pǒu jī yú shì sú zhě yě wù mò bù ruò shì qiě yú
天年而中道夭，自掊击于世俗者也⑧。物莫不若是。且予
qiú wú suǒ kě yòng jiǔ yǐ jī sǐ nǎi jīn dé zhī wéi yú dà yòng shǐ yú yě ér
求无所可用久矣⑨，几死，乃今得之⑩，为予大用。使予也而
yǒu yòng qiě dé yǒu cǐ dà yě yé qiě yě ruò yǔ yú yě jiē wù yě nài hé zāi qí
有用，且得有此大也邪？且也若与予也皆物也，奈何哉其
xiāng wù yě ér jī sǐ zhī sǎn rén yòu wū zhī sǎn mù
相物也⑪？而几死之散人⑫，又恶知散木！”

jiàng shí jué ér zhěn qí mèng dì zǐ yuē qù qǔ wú yòng zé wéi shè
匠石觉而诊其梦⑬。弟子曰：“趣取无用⑭，则为社
hé yé
何邪？”

yuē mì ruò wú yán bǐ yì zhí jì yān yǐ wéi bù zhī jǐ zhě gòu lì
曰：“密⑮！若无言！彼亦直寄焉⑯，以为不知己者诟厉
yě bù wéi shè zhě qiě jī yǒu jiǎn hū qiě yě bǐ qí suǒ bǎo yǔ zhòng yì ér
也⑰。不为社者，且几有翦乎⑱！且也彼其所保与众异，而
yǐ yì yù zhī bù yì yuǎn hū
以义喻之⑲，不亦远乎⑳！”

---

①见梦：托梦。②比予：和我比较。文木：纹理细密，可做木材的树。文通“纹”。③柤：同“楂”，山楂树。果蓏：果实。④实熟：果实成熟。剥：被剥落，指遭到外物的击打脱落。⑤辱：指折损。⑥泄：通“抴”，牵扯。⑦苦其生：使其一生受苦。⑧“自掊”句：这是自己找世俗的人打击啊。掊击，打击。⑨无所可用：无用。⑩得之：指实现了愿望。⑪相物：看待事物。⑫散人：没有用的人。⑬诊：通“畛”，告诉。⑭趣取：想要求取。⑮密：默，即呵斥弟子闭嘴。⑯直：特，只。寄：寄托。⑰诟：侮辱。厉：病。⑱翦：剪，砍伐。⑲义：常理。誉：评价。⑳远：相距太远。

nán bó zǐ qí yóu hū shāng zhī qiū jiàn dà mù yān yǒu yì jié sì qiān
南伯子綦游乎商之丘①，见大木焉，有异②，结驷千

shèng jiāng yǐn bì qí suǒ lài zǐ qí yuē cǐ hé mù yě zāi cǐ bì yǒu yì cái
乘③，将隐芘其所藾④。子綦曰："此何木也哉？此必有异材

fú yǎng ér shì qí xì zhī zé quán qū ér bù kě yǐ wéi dòng liáng fǔ ér shì qí
夫？"仰而视其细枝，则拳曲而不可以为栋梁⑤；俯而视其

dà gēn zé zhóu jiě ér bù kě yǐ wéi guān guǒ shì qí yè zé kǒu làn ér wéi shāng
大根，则轴解而不可以为棺椁；咶其叶⑥，则口烂而为伤；

xiù zhī zé shǐ rén kuángchéng sān rì ér bù yǐ zǐ qí yuē cǐ guǒ bù cái zhī
嗅之，则使人狂酲：三日而不已⑦。子綦曰："此果不材之

mù yě yǐ zhì yú cǐ qí dà yě jiē hū shén rén yǐ cǐ bù cái
木也，以至于此其大也。嗟乎神人，以此不材⑧！

sòng yǒu jīng shì zhě yí qiū bǎi sāng qí gǒng bǎ ér shàng zhě qiú jū hóu
宋有荆氏者⑨，宜楸柏桑⑩。其拱把而上者⑪，求狙猴

zhī yì zhě zhǎn zhī sān wéi sì wéi qiú gāo míng zhī lì zhě zhǎn zhī qī wéi bā wéi
之杙者斩之⑫；三围四围，求高名之丽者斩之⑬；七围八围，

guì rén fù shāng zhī jiā qiú shàn bàng zhě zhǎn zhī gù wèi zhōng qí tiān nián ér zhōng dào
贵人富商之家求椫傍者斩之⑭。故未终其天年，而中道

zhī yāo yú fǔ jīn cǐ cái zhī huàn yě gù jiě zhī yǐ niú zhī bái sǎng zhě yǔ tún zhī
之夭于斧斤⑮，此材之患也。故解之以牛之白颡者与豚之

kàng bí zhě yǔ rén yǒu zhì bìng zhě bù kě yǐ shì hé cǐ jiē wū zhù yǐ zhī zhī
亢鼻者⑯，与人有痔病者不可以适河⑰。此皆巫祝以知之

①南伯子綦：即南郭子綦（见《齐物论》）。商之丘：即商丘，宋国国都，在今河南省商丘县。 ②异：指树大得出奇。 ③驷：四马拉一车。 ④"将隐"句：一千辆马车要隐藏的话，都能庇护在树荫之下。形容树很大。芘，通"庇"，庇护。藾：荫。 ⑤拳曲：卷曲。 ⑥咶：通"舐"，舔。 ⑦酲：喝醉了神智不清。 ⑧"神人"句：神人效法这种无用之材而作为大用。以：用。 ⑨荆氏：宋国地名。 ⑩宜：适宜。楸：一种树，落叶乔木，干叶高大，木材质地细密。 ⑪拱：两手合握。 ⑫狙猴：猿猴。杙：小木桩。 ⑬高名：华丽高大的房子。丽：屋梁。 ⑭椫傍：一整块木板的棺材。 ⑮夭：夭折，指被砍伐。 ⑯解：禳除，向鬼神祈祷消灾。颡：额头。豚：小猪。亢鼻：鼻高而翘。 ⑰痔病：痔疮。不可以适河：前面提到的，那些白额的牛、高鼻的小猪和生痔疮的人，都不能当做祭品丢进河里去的。适，往。

yǐ　suǒ yǐ wéi bù xiáng yě　cǐ nǎi shén rén zhī suǒ yǐ wéi dà xiáng yě
矣[1]，所以为不祥也。此乃神人之所以为大祥也[2]。”

zhī lí shū zhě　yí yǐn yú qí　jiān gāo yú dǐng　huì cuō zhǐ tiān　wǔ guǎn
支离疏者[3]，颐隐于脐[4]，肩高于顶[5]，会撮指天[6]，五管

zài shàng　liǎng bì wéi xié　cuò zhēn zhì jiè zú yǐ hú kǒu　gǔ cè bō jīng　zú
在上[7]，两髀为胁[8]。挫针治繲足以糊口[9]；鼓筴播精[10]，足

yǐ sì shí rén　shàng zhēng wǔ shì　zé zhī lí rǎng bì ér yóu yú qí jiān　shàng yǒu
以食十人[11]。上征武士[12]，则支离攘臂而游于其间；上有

dà yì　zé zhī lí yǐ yǒu cháng jí bù shòu gōng　shàng yǔ bìng zhě sù　zé shòu sān zhōng
大役，则支离以有常疾不受功[13]；上与病者粟，则受三钟

yǔ shí shù xīn　fú zhī lí qí xíng zhě　yóu zú yǐ yǎng qí shēn　zhōng qí tiān nián　yòu
与十束薪[14]。夫支离其形者，犹足以养其身，终其天年，又

kuàng zhī lí qí dé zhě hū
况支离其德者乎！

kǒng zǐ shì chǔ　chǔ kuáng jiē yú yóu qí mén yuē　fèng xī fèng xī　hé rú dé
孔子适楚，楚狂接舆游其门曰[15]：“凤兮凤兮[16]，何如德

zhī shuāi yě　lái shì bù kě dài　wǎng shì bù kě zhuī yě　tiān xià yǒu dào　shèng
之衰也！来世不可待[17]，往世不可追也[18]。天下有道，圣

rén chéng yān　tiān xià wú dào　shèng rén shēng yān　fāng jīn zhī shí　jǐn miǎn xíng yān
人成焉[19]；天下无道，圣人生焉。方今之时，仅免刑焉[20]。

fú qīng hū yǔ　mò zhī zhī zài　huò zhòng hū dì　mò zhī zhī bì　yǐ hū yǐ hū
福轻乎羽，莫之知载[21]；祸重乎地，莫之知避。已乎已乎，

---

①巫祝：巫师。 ②“所以”句：所以认为是不吉祥的这些事物，却正是得道的神仙所认为的最大的吉祥。 ③支离疏者：虚构的人物，以身体支离破碎的形象来命名。 ④颐：面颊。隐于脐：隐藏在肚脐里。 ⑤顶：头顶。 ⑥会撮：发髻。 ⑦五管：五脏的穴位。 ⑧髀：大腿。为胁：与肋骨并在一起。 ⑨挫：拿。治繲：洗衣服。 ⑩筴：小簸箕。 ⑪食：养活。 ⑫征：征兵。 ⑬功：当差，服徭役。 ⑭钟：测量粮食的单位，六斛四升为一钟。薪：柴草。 ⑮接舆：楚国隐士。游其门：走过他的门口。 ⑯凤：凤凰。传说在至德之世才能出现。 ⑰来世：指未来的时间。待：等待。 ⑱往世：过去了的时间。追：挽回。 ⑲成：指成就他们的事业。 ⑳刑：刑戮。 ㉑载：承受，享受。

lín rén yǐ dé dài hū dài hū huà dì ér qū mí yáng mí yáng wú shāng wú

临人以德①！殆乎殆乎，画地而趋②！迷阳迷阳，无伤吾

xíng xì qū xì qū wú shāng wú zú

行！郤曲郤曲，无伤吾足③！”

shān mù zì kòu yě gāo huǒ zì jiān yě guì kě shí gù fá zhī qī kě

山木自寇也④，膏火自煎也⑤。桂可食，故伐之；漆可

yòng gù gē zhī rén jiē zhī yǒu yòng zhī yòng ér mò zhī wú yòng zhī yòng yě

用，故割之。人皆知有用之用，而莫知无用之用也。

---

①临人：居高临下于人前。②画地而趋：划定一个圈子自己在里面跑，犹如“画地为牢”，自己束缚自己。③“迷阳”句：荆棘啊，荆棘啊！不要妨碍我走路。道路坎坷，不要伤害我的脚。迷阳，一种多刺的草。④寇：砍伐。⑤膏：油脂。

dé chōng fú

德充符

（节选）

lǔ yǒu wù zhě wáng dài cóng zhī yóu zhě yǔ zhòng ní xiāng ruò cháng jì

1. 鲁有兀者王骀[1]，从之游者[2]，与仲尼相若，常季

wèn yú zhòng ní yuē wáng dài wù zhě yě cóng zhī yóu zhě yǔ fū zǐ zhōng fēn

问于仲尼曰[3]："王骀，兀者也，从之游者，与夫子中分

lǔ lì bù jiào zuò bù yì xū ér wǎng shí ér guī gù yǒu bù yán zhī

鲁[4]。立不教[5]，坐不议，虚而往，实而归[6]。固有不言之

jiào wú xíng ér xīn chéng zhě yé shì hé rén yě zhòng ní yuē fū zǐ shèng

教，无形而心成者邪[7]？是何人也？"仲尼曰："夫子[8]，圣

rén yě qiū yě zhí hòu ér wèi wǎng ěr qiū jiāng yǐ wéi shī ér kuàng bù ruò qiū zhě

人也，丘也直后而未往耳[9]。丘将以为师，而况不若丘者

hū xī jiǎ lǔ guó qiū jiāng yǐn tiān xià ér yǔ cóng zhī

乎！奚假鲁国[10]！丘将引天下而与从之。"

cháng jì yuē bǐ wù zhě yě ér wàng xiān shēng qí yǔ yōng yì yuǎn yǐ

常季曰："彼兀者也，而王先生[11]，其与庸亦远矣[12]。

ruò rán zhě qí yòng xīn yě dú ruò zhī hé zhòng ní yuē sǐ shēng yì dà yǐ ér

若然者，其用心也独若之何[13]？"仲尼曰："死生亦大矣，而

---

①兀：断一足之称，引申为断，斩。王骀：虚构的人物，"王"取为人所崇敬之意，"骀"有"无所局限，舒缓广大"的意思。②从之游者：向他求学的人。③常季：孔子的弟子。④"从之"句：鲁国的学士，一半跟随王骀，一半跟随孔子。中分，对半分。⑤教：指导。⑥"虚而"句：指学士去向王骀学习时肚里是空空的，但学完以后却是满载而归。虚，空。⑦"固有"句：难道有不用开口就能使学生心领神会的教育方法么？固，难道。无形而心，潜移默化的功效。⑧夫子：孔子对王骀的称呼。⑨直：特。后：落后。⑩奚假：何止。⑪王：胜。⑫与庸：与普通人比起来。庸，常人，普通人。⑬用心：运用智慧。

bù dé yǔ zhī biàn suī tiān dì fù zhuì yì jiāng bù yǔ zhī yí shěn hū wú jiǎ ér
不得与之变[1]，虽天地覆坠[2]，亦将不与之遗[3]。审乎无假而
bù yǔ wù qiān mìng wù zhī huà ér shǒu qí zōng yě
不与物迁[4]，命物之化而守其宗也[5]。”

cháng jì yuē hé wèi yě zhòng ní yuē zì qí yì zhě shì zhī gān dǎn chǔ
常季曰：“何谓也？”仲尼曰：“自其异者视之，肝胆楚
yuè yě zì qí tóng zhě shì zhī wàn wù jiē yī yě fú ruò rán zhě qiě bù zhī ěr
越也；自其同者视之，万物皆一也[6]。夫若然者，且不知耳
mù zhī suǒ yí ér yóu xīn hū dé zhī hé wù shì qí suǒ yī ér bù jiàn qí suǒ sàng shì
目之所宜而游心乎德之和[7]；物视其所一而不见其所丧，视
sàng qí zú yóu yí tǔ yě
丧其足犹遗土也[8]。”

cháng jì yuē bǐ wéi jǐ yǐ qí zhì dé qí xīn yǐ qí xīn dé qí cháng
常季曰：“彼为己[9]，以其知得其心[10]，以其心得其常
xīn wù hé wéi zuì zhī zāi zhòng ní yuē rén mò jiàn yú liú shuǐ ér jiàn yú
心[11]，物何为最之哉[12]？”仲尼曰：“人莫鉴于流水[13]，而鉴于
zhǐ shuǐ wéi zhǐ néng zhǐ zhòng zhǐ shòu mìng yú dì wéi sōng bǎi dú yě zhèng zài
止水[14]，唯止能止众止[15]。受命于地，唯松柏独也正；在
dōng xià qīng qīng shòu mìng yú tiān wéi yáo shùn dú yě zhèng zài wàn wù zhī shǒu xìng
冬夏青青；受命于天，唯尧舜独也正[16]，在万物之首。幸
néng zhèng xìng yǐ zhèng zhòng xìng fú bǎo shǐ zhī zhēng bù jù zhī shí yǒng shì
能正生[17]，以正众生[18]。夫保始之徵，不惧之实。勇士

---

①不得：不会。与之变：不会跟随着它（指死生）变化。 ②覆坠：天塌地陷。 ③不与之遗：不会跟随着天塌地陷。之，指天地。遗，丢失，遗忘。 ④“审乎”句：他处于无所待的境界而不受外物的变迁。无假，无所待。迁，改变。 ⑤命物之化：顺任事物的变化。宗：根本。 ⑥“自其”句：从万物不同的方面去看，肝和胆的距离就像楚国和越国那样遥远；从它们相同的方面去看，万物都是一样的。 ⑦宜：适宜。游心：使心神在和……中遨游。和：和顺，指取消界限、对立，与物相通为一。 ⑧“物视”句：从万物相同的一面去看，就看不见有什么丧失，所以看自己断了一只脚，就好像失落了一块泥土一般。丧，丧失。 ⑨彼：指王骀。为己：修养自己。 ⑩知：通“智”。 ⑪常心：永恒不变的思想，实指天道。 ⑫物：外物，包括他的学生们。最：聚，归依。 ⑬莫：没有。鉴：照。 ⑭止水：静止的水。 ⑮唯止能止众止：只有静止的水才能留住众人停下来临照。这是用比喻来解说人们对王骀的追随是王骀固有的本性让众人信服。 ⑯正：真性情。 ⑰正生：使自己的心性纯正。生，通“性”。 ⑱正众生：使众人的心性纯正。

yī rén xióng rù yú jiǔ jūn jiāng qiú míng ér néng zì yāo zhě ér yóu ruò shì ér
一人，雄入于九军①。将求名而能自要者②，而犹若是，而

kuàng guān tiān dì fǔ wàn wù zhí yù liù hái xiàng ěr mù yī zhì zhī suǒ zhī
况官天地③，府万物④，直寓六骸⑤，象耳目，一知之所知，

ér xīn wèi cháng sǐ zhě hū bǐ qiě zé rì ér dēng xiá rén zé cóng shì yě bǐ
而心未尝死者乎⑥！彼且择日而登假⑦，人则从是也⑧。彼

qiě hé kěn yǐ wù wéi shì hū
且何肯以物为事乎⑨！”

shēn tú jiā wù zhě yě ér yǔ zhèng zǐ chǎn tóng shī yú bó hūn wú rén
2. 申徒嘉⑩，兀者也，而与郑子产同师于伯昏无人⑪。

zǐ chǎn wèi shēn tú jiā yuē wǒ xiān chū zé zǐ zhǐ zǐ xiān chū zé wǒ zhǐ qí míng
子产谓申徒嘉曰：“我先出则子止，子先出则我止。”其明

rì yòu yǔ hé táng tóng xí ér zuò zǐ chǎn wèi shēn tú jiā yuē wǒ xiān chū zé zǐ
日，又与合堂同席而坐⑫。子产谓申徒嘉曰：“我先出则子

zhǐ zǐ xiān chū zé wǒ zhǐ jīn wǒ jiāng chū zǐ kě yǐ zhǐ hū qí wèi yé qiě
止，子先出则我止。今我将出，子可以止乎，其未邪？且

zǐ jiàn zhí zhèng ér bù wéi zǐ qí zhí zhèng hū shēn tú jiā yuē xiān shēng zhī
子见执政而不违⑬，子齐执政乎⑭？”申徒嘉曰：“先生之

mén gù yǒu zhí zhèng yān rú cǐ zāi zǐ ér yuè zǐ zhī zhí zhèng ér hòu rén zhě yě
门⑮，固有执政焉如此哉？子而悦子之执政而后人者也⑯？

①“夫保”句：那些能够保全本来的真性情，具有无所畏惧的品格，只有勇士一人，也敢直冲进敌人的千军万马之阵中。徵，可信。实，本质。九军，天子六军、诸侯三军，通称九军。这里总言军队众多。②要：要求。③官天地：主宰天地。④府万物：包藏万物。⑤寓：寄托。六骸：头、身、四肢，代指人体。⑥一知之所知：前一个知，通“智”。天赋的智慧烛照所知的领域。⑦且：将。择日：会有一天，意即需要一定时间。登假：升至（大道）。假，借为遐。⑧从是：追随他这一点。⑨“彼且”句：他哪里肯把世俗的事情当作一回事呢？这两句直接回答常季问的为什么人们追随他（王骀）的问题。⑩申徒嘉：姓申徒，名嘉，郑国贤人。⑪郑子产：郑国大夫，姓公孙，名侨，字子产。伯昏无人：庄子假设的人名。⑫合堂：同在一间屋子里。⑬执政：子产为郑国执政大臣，这里是自称。违：避开。⑭齐：与……齐，平起平坐。⑮先生：指伯昏无人。⑯后人：看不起人。

wén zhī yuē jiànmíng zé chén gòu bù zhǐ zhǐ zé bù míng yě jiǔ yǔ xián rén chǔ zé

闻之曰:‘鉴明则尘垢不止,止则不明也①。久与贤人处则

wú guò jīn zǐ zhī suǒ qǔ dà zhě xiān shēng yě ér yóu chū yán ruò shì bù yì

无过。’今子之所取大者②,先生也,而犹出言若是,不亦

guò hū

过乎!”

zǐ chǎn yuē zǐ jì ruò shì yǐ yóu yǔ yáo zhēng shàn jì zǐ zhī dé bù

子产曰:“子既若是矣③,犹与尧争善,计子之德④,不

zú yǐ zì fǎn yé shēn tú jiā yuē zì zhuàng qí guò yǐ bù dāng wáng zhě zhòng

足以自反邪⑤?”申徒嘉曰:“自状其过,以不当亡者众,

bù zhuàng qí guò yǐ bù dāng cún zhě guǎ zhī bù kě nài hé ér ān zhī ruò mìng wéi

不状其过,以不当存者寡⑥,知不可奈何,而安之若命,唯

yǒu dé zhě néng zhī yóu yú yì zhī gòu zhōng zhōng yāng zhě zhòng dì yě rán ér

有德者能之。游于羿之彀中⑦。中央者,中地也;然而

bù zhòng zhě mìng yě rén yǐ qí quán zú xiào wú bù quán zú zhě duō yǐ wǒ fú rán

不中者,命也。人以其全足笑吾不全足者多矣,我怫然

ér nù ér shì xiān shēng zhī suǒ zé fèi rán ér fǎn bù zhī xiān shēng zhī xǐ

而怒⑧;而适先生之所⑨,则废然而反⑩。不知先生之洗

wǒ yǐ shàn yé wú yǔ fū zǐ yóu shí jiǔ nián yǐ ér wèi cháng zhī wú wù zhě

我以善邪⑪?吾与夫子游十九年矣⑫,而未尝知吾兀者

yě jīn zǐ yǔ wǒ yóu yú xíng hái zhī nèi ér zǐ suǒ wǒ yú xíng hái zhī wài bù yì

也。今子与我游于形骸之内,而子索我于形骸之外,不亦

---

①“鉴明”句:镜子光亮,灰尘就不会沾染,沾染了就说明不够光滑。鉴,镜子。明,光亮。这个比喻说明,人的心地纯洁,就不会有龌龊的想法,有了龌龊的想法,就说明心地不够纯洁。 ②所取大者:指追求广博见识,培养德行。取,求。 ③若是:如此,这样。 ④计:衡量。 ⑤反:反省。 ⑥“自状”句:犯了法而计较得失,到处申述自己的过错,认为不应该受到断足惩罚的人很多;犯了法而不计较得失,不申辩自己的过错,承认自己应该受到断足惩罚的人却很少。状,陈述,申述。过,过错。以,认为。不当亡,不应该受断足的刑罚。 ⑦羿:传说上古时射箭能手。彀中:射程之内。 ⑧怫然:脸上因愤怒而变色的样子。 ⑨适:往,到。 ⑩废然而反:比喻怒气全消。 ⑪洗我以善:即以善洗我,意谓用善来教育我。洗,洗礼,教育。 ⑫游:交往。

guò hū zǐ chǎn cù rán gǎi róng gēng mào yuē zǐ wú réng chēng
过乎！”子产蹴然改容更貌曰[1]：“子无乃称[2]！”

lǔ yǒu wù zhě shū shān wú zhǐ zhǒng jiàn zhòng ní zhòng ní yuē zǐ bù
3. 鲁有兀者叔山无趾[3]，踵见仲尼[4]，仲尼曰：“子不

jǐn qián jì fàn huàn ruò shì yǐ suī jīn lái hé jí yǐ wú zhǐ yuē wú wéi bù
谨，前既犯患若是矣。虽今来，何及矣[5]！”无趾曰：“吾唯不

zhī wù ér qīng yòng wú shēn wú shì yǐ wáng zú jīn wú lái yě yóu yǒu zūn zú zhě
知务而轻用吾身[6]，吾是以亡足。今吾来也，犹有尊足者

cún yān wú shì yǐ wù quán zhī yě fú tiān wú bù fù dì wú bù zài wú yǐ fū
存焉[7]，吾是以务全之也[8]。夫天无不覆，地无不载，吾以夫

zǐ wéi tiān dì ān zhī fū zǐ zhī yóu ruò shì yě kǒng zǐ yuē qiū zé lòu yǐ
子为天地，安知夫子之犹若是也[9]！”孔子曰：“丘则陋矣[10]。

fū zǐ hú bù rù hū qǐng jiǎng yǐ suǒ wén wú zhǐ chū kǒng zǐ yuē dì zǐ miǎn
夫子胡不入乎，请讲以所闻！”无趾出。孔子曰：“弟子勉

zhī fú wú zhǐ wù zhě yě yóu wù xué yǐ fù bǔ qián xíng zhī è ér kuàng quán dé
之！夫无趾，兀者也，犹务学以复补前行之恶[11]，而况全德

zhī rén hū
之人乎[12]！”

wú zhǐ yù lǎo dān yuē kǒng qiū zhī yú zhì rén qí wèi yé bǐ hé bīn bīn
无趾语老聃曰：“孔丘之于至人[13]，其未邪？彼何宾宾

yǐ xué zǐ wéi bǐ qiě qí yǐ chù guǐ huàn guài zhī míng wén bù zhī zhì rén zhī yǐ
以学子为[14]？彼且蕲以諔诡幻怪之名闻[15]，不知至人之以

①蹴然：变色，惭愧不安的样子。②子无乃称：你别那样说了。③叔山无趾：虚构的名字，因为脚趾被割去，而叫“无趾”。④踵见：用脚后跟走路，去见孔子。踵，脚跟。⑤何及：哪里来得及。⑥不知务：不懂世务。⑦尊足者：比足还要尊贵的东西，指道德。⑧务全：竭力保全。⑨“夫天”句：天是无所不覆盖的，地是无所不包容的，我把你比作天地，哪里知道你却是这样的！安知，哪里知道。⑩陋：浅陋。⑪前行之恶：从前行为中的过错。⑫全德：道德完美。⑬至人：得道之人。⑭“彼何”句：他为什么总是频繁地来向你学习呢？宾宾，经常。学子，向你学习。子，指老子。⑮“彼且”句：他还追求奇异怪诞的名声传闻于天下。蕲，追求。諔诡，奇异怪诞。

shì wéi jǐ zhì gù yé lǎo dān yuē hú bù zhí shǐ bǐ yǐ sǐ shēng wéi yī tiáo yǐ
是为己桎梏邪①?”老聃曰:“胡不直使彼以死生为一条,以

kě bù kě wéi yī guàn zhě jiě qí zhì gù qí kě hū wú zhǐ yuē tiān xíng zhī
可不可为一贯者,解其桎梏,其可乎?”无趾曰:“天刑之②,

ān kě jiě
安可解!”

yīn jī zhī lí wú chún shuì wèi líng gōng líng gōng yuè zhī ér shì quán rén
4. 闉跂支离无脤说卫灵公③,灵公说之④;而视全人,

qí dòu xián xián wèng àng dà yǐng shuì qí huán gōng huán gōng yuè zhī ér shì quán rén
其脰肩肩⑤。甕㼜大瘿说齐桓公⑥,桓公说之;而视全人,

qí dòu xián xián gù dé yǒu suǒ cháng ér xíng yǒu suǒ wàng rén bù wàng qí suǒ
其脰肩肩。故德有所长⑦,而形有所忘。人不忘其所

wàng ér wàng qí suǒ bù wàng cǐ wèi chéng wàng
忘,而忘其所不忘,此谓诚忘⑧。

gù shèng rén yǒu suǒ yóu ér zhì wéi niè yuē wéi jiāo dé wéi jiē gōng wéi
故圣人有所游⑨,而知为孽⑩,约为胶⑪,德为接⑫,工为

shāng shèng rén bù móu wū yòng zhì bù zhuó wū yòng jiāo wú sàng wū yòng
商⑬。圣人不谋,恶用知?不斲⑭,恶用胶?无丧,恶用

dé bù huò wū yòng shāng sì zhě tiān yù yě tiān yù zhě tiān sì yě jì
德?不货,恶用商?四者,天鬻也;天鬻者⑮,天食也。既

shòu shí yú tiān yòu wū yòng rén yǒu rén zhī xíng wú rén zhī qíng yǒu rén zhī xíng
受食于天,又恶用人⑯!有人之形,无人之情。有人之形,

---

①桎梏:镣铐。在脚上的叫桎,在手上的叫梏。 ②天刑之:天对他的惩罚。 ③闉跂支离无脤:曲足、驼背、无唇的人,这里按照身体形状虚设的名字,形容这个人形残而貌丑。闉,弯曲。脤,即“唇”。说:游说,劝说别人。 ④说:通“悦”,高兴。 ⑤其脰肩肩:他的脖颈很细。脰,脖颈。肩肩,瘦小的样子。 ⑥甕㼜大瘿:假设的人名,其人脖颈上长的瘤像盆那么大,因此得名。 ⑦长:善。 ⑧诚:真。 ⑨游:指心游。 ⑩知为孽:知通“智”。指智巧为孽根。 ⑪约为胶:誓言是胶执。 ⑫德为接:以小恩小惠作为结交的手段。 ⑬工为商:工巧是为了做生意。 ⑭斲:断开,指人为地分开。圣人与物是不能分离的,故说不斲。 ⑮天鬻:自然所养。 ⑯人:人为。

gù qún yú rén wú rén zhī qíng gù shì fēi bù dé yú shēn miǎo hū xiǎo zāi suǒ yǐ
故群于人[1]，无人之情，故是非不得于身。眇乎小哉[2]，所以
shǔ yú rén yě áo hū dà zāi dú chéng qí tiān
属于人也！謷乎大哉[3]，独成其天！

huì zǐ wèi zhuāng zǐ yuē rén gù wú qíng hū zhuāng zǐ yuē rán
5. 惠子谓庄子曰：“人故无情乎？”庄子曰：“然[4]。”
huì zǐ yuē rén ér wú qíng hé yǐ wèi zhī rén zhuāng zǐ yuē dào yǔ zhī mào
惠子曰：“人而无情，何以谓之人？”庄子曰：“道与之貌[5]，
tiān yǔ zhī xíng wū dé bù wèi zhī rén huì zǐ yuē jì wèi zhī rén wū dé wú
天与之形，恶得不谓之人？”惠子曰：“既谓之人，恶得无
qíng zhuāng zǐ yuē shì fēi wú suǒ wèi qíng yě wú suǒ wèi wú qíng zhě yán rén zhī
情？”庄子曰：“是非吾所谓情也。吾所谓无情者，言人之
bù yǐ hào wù nèi shāng qí shēn cháng yīn zì rán ér bù yì shēng yě huì zǐ yuē
不以好恶内伤其身，常因自然而不益生也[6]。”惠子曰：
bù yì shēng hé yǐ yǒu qí shēn zhuāng zǐ yuē dào yǔ zhī mào tiān yǔ zhī xíng
“不益生，何以有其身？”庄子曰：“道与之貌，天与之形，
wú yǐ hào wù nèi shāng qí shēn jīn zǐ wài hū zǐ zhī shén láo hū zǐ zhī jīng yǐ shù
无以好恶内伤其身。今子外乎子之神，劳乎子之精，倚树
ér yín jù gǎo wú ér mián tiān xuǎn zhī xíng zǐ yǐ jiān bái míng
而吟，据槁梧而瞑[7]。天选之形[8]，子以坚白鸣[9]！”

①群于人：与人为群。②眇：细小。③謷：形容高大。④然：是这样。⑤与：赋予。⑥“常因”句：一切顺乎自然，不用人为地去补充营养。因为庄子认为有所增益则必有所亏损。因，顺。益，增加。⑦“今子”句：但你现在弥散你的心神，劳费你的精力，倚靠在干枯的梧桐树上歌吟，靠着几案休息。据，靠着。槁梧，干枯的梧桐树。瞑，古“眠”字。⑧选：选择，决定。⑨坚白：当时名家辩论的重要命题。鸣：争鸣。

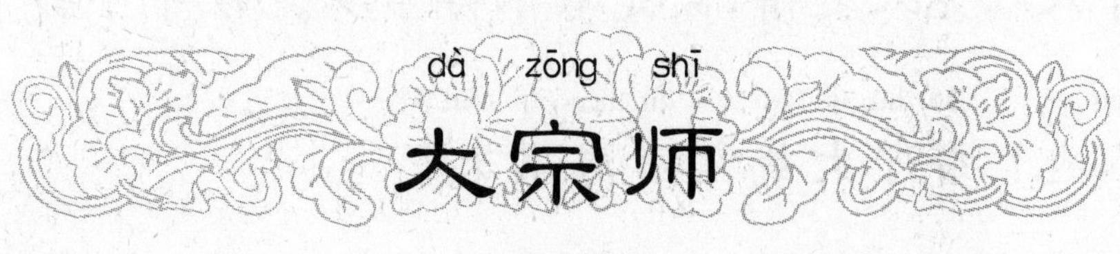

dà zōng shī
大宗师

（节选）

sǐ shēng mìng yě qí yǒu yè dàn zhī cháng tiān yě rén zhī yǒu suǒ bù dé yù jiē wù zhī qíng yě bǐ tè yǐ tiān wéi fù ér shēn yóu ài zhī ér kuàng qí zhuó hū rén tè yǐ yǒu jūn wéi yù hū jǐ ér shēn yóu sǐ zhī ér kuàng qí zhēn hū

1. 死生，命也[①]，其有夜旦之常[②]，天也[③]。人之有所不得与[④]，皆物之情也[⑤]。彼特以天为父[⑥]，而身犹爱之，而况其卓乎[⑦]！人特以有君为愈乎己，而身犹死之，而况其真乎[⑧]！

quán hé yú xiāng yǔ chǔ yú lù xiāng xǔ yǐ shī xiāng rú yǐ mò bù rú xiāng wàng yú jiāng hú yǔ qí yù yáo ér fēi jié yě bù rú liǎng wàng ér huà qí dào fú dà kuài zài wǒ yǐ xíng láo wǒ yǐ shēng yì wǒ yǐ lǎo xī wǒ yǐ

泉涸[⑨]，鱼相与处于陆，相呴以湿，相濡以沫[⑩]，不如相忘于江湖[⑪]，与其誉尧而非桀也[⑫]，不如两忘而化其道[⑬]。夫大块载我以形[⑭]，劳我以生[⑮]，佚我以老[⑯]，息我以

---

①命：天命，自然不可避免的。②其：指生死。夜旦：夜晚白天。常：继续不断。③天：自然的规律。④“人之”句：对于自然规律，人是无法干预的。与，干预。⑤“皆物”句：这都符合事物变化的情理。情，情理。⑥彼：指人。特：独，只是。⑦卓：卓越，指天道。⑧“人特”句：世人认为国君的才智、地位超过自己，应该为其效忠而捐身，何况对待无与伦比的真宰呢！愈乎己，超过自己。真，真宰。⑨涸：水干枯。⑩“鱼相”句：鱼相互挤在陆地上，用呼吸的湿气相互滋润，用唾沫相互沾湿。呴，呼吸，吐气。濡，沾湿。相濡以沫，用唾沫来互相沾湿。⑪“不如”句：不如在江湖里互相忘掉，喻指世人应忘掉生死，而游于大道之乡。⑫誉：称赞。非：非议，谴责。⑬化其道：指与道化而为一。⑭“夫大块”句：自然赋予形体来使我有所寄托。大块，大地，即自然。载，承受。⑮劳我以生：使我有生命来劳作。⑯佚我以老：赋予暮年来使我享受清闲。佚通“逸”，清闲。

sǐ　gù shàn wú shēng zhě　nǎi suǒ yǐ shàn wú sǐ yě

死[1]。故善吾生者，乃所以善吾死也。

fú cáng zhōu yú hè　cáng shān yú zé　wèi zhī gù yǐ　rán ér yè bàn yǒu lì

夫藏舟于壑[2]，藏山于泽[3]，谓之固矣。然而夜半有力

zhě fù zhī ér zǒu　mèi zhě bù zhī yě　cáng xiǎo dà yǒu yí　yóu yǒu suǒ dùn

者负之而走[4]，昧者不知也[5]。藏小大有宜[6]，犹有所遯[7]。

ruò fú cáng tiān xià yú tiān xià ér bù dé suǒ dùn　shì héng wù zhī dà qíng yě　tè fàn

若夫藏天下于天下而不得所遯，是恒物之大情也[8]。特犯

rén zhī xíng ér yóu xǐ zhī　ruò rén zhī xíng zhě　wàn huà ér wèi shǐ yǒu jí yě　qí

人之形而犹喜之[9]。若人之形者，万化而未始有极也[10]，其

wéi lè kě shèng jì yé　gù shèng rén jiāng yóu yú wù zhī suǒ bù dé dùn ér jiē cún

为乐可胜计邪！故圣人将游于物之所不得遯而皆存。

shàn yāo shàn lǎo　shàn shǐ shàn zhōng　rén yóu xiào zhī　yòu kuàng wàn wù zhī suǒ xì　ér

善夭善老[11]，善始善终[12]，人犹效之[13]，又况万物之所系，而

yī huà zhī suǒ dài hū

一化之所待乎[14]！

zǐ sāng hù　mèng zǐ fǎn　zǐ qín zhāng sān rén xiāng yǔ yǔ yuē　shú néng

2. 子桑户、孟子反、子琴张三人相与语曰[15]："孰能

xiāng yǔ yú wú xiāng yǔ　xiāng wéi yú wú xiāng wéi　shú néng dēng tiān yóu wù　náo tiāo

相与于无相与，相为于无相为[16]？孰能登天游雾，挠挑

wú jí　xiāng wàng yǐ shēng　wú suǒ zhōng qióng　sān rén xiāng shì ér xiào　mò nì yú

无极[17]；相忘以生，无所终穷[18]？"三人相视而笑，莫逆于

①息我以死：赋予死亡来使我安息。 ②壑：深沟，山谷。 ③山：通"汕"，古代称渔网。 ④之：指藏起来的小舟。 ⑤昧：通"寐"，睡觉。 ⑥"藏小大"句：将小东西隐藏到大的东西里，还是很适合的。宜：适合。 ⑦遯：同"遁"，此处意为丢失。 ⑧"若夫"句：假如把天下隐藏在天下中是不会亡失的，这是万物普遍的至理。恒物，常物。大情，至理。 ⑨"特犯"句：一旦被大自然铸造成人形就欣喜若狂。犯，通"范"，铸造。 ⑩万化：千变万化。未始：未曾。极：穷尽。 ⑪善：指能看透。夭、老：指生命长短。夭，少。 ⑫始、终：指生死。 ⑬效：效法。 ⑭"又况"句：又何况对待万物的宗师，千变万化所依赖的大道呢！待，依赖。 ⑮子桑户、孟子反、子琴张：皆为虚构人物。 ⑯"孰能"句：谁能在无心中相交，在无迹中相助。孰，谁。相与于无相与：相交出于自然。为，帮助。 ⑰挠挑：循环往复。无极：无穷。 ⑱终穷：死。

xīn suì xiāng yǔ wéi yǒu
心，遂相与为友。

mò rán yǒu jiān ér zǐ sāng hù sǐ wèi zàng kǒng zǐ wén zhī shǐ zǐ gòng wǎng
莫然有间而子桑户死[①]，未葬。孔子闻之，使子贡往

shì shì yān huò biān qǔ huò gǔ qín xiāng hè ér gē yuē jiē lái sāng hù hū
侍事焉[②]。或编曲，或鼓琴，相和而歌曰：“嗟来桑户乎[③]！

jiē lái sāng hù hū ěr yǐ fǎn qí zhēn ér wǒ yóu wéi rén yī zǐ gòng qū ér jìn
嗟来桑户乎！而已反其真[④]，而我犹为人猗！”子贡趋而进

yuē gǎn wèn lín shī ér gē lǐ hū èr rén xiāng shì ér xiào yuē shì wū zhī
曰[⑤]：“敢问临尸而歌，礼乎？”二人相视而笑曰：“是恶知

lǐ yì
礼意！”

zǐ gòng fǎn yǐ gào kǒng zǐ yuē bǐ hé rén zhě yé xiū xíng wú yǒu ér wài
子贡反，以告孔子，曰：“彼何人者邪？修行无有，而外

qí xíng hái lín shī ér gē yán sè bù biàn wú yǐ mìng zhī bǐ hé rén zhě yé
其形骸[⑥]，临尸而歌，颜色不变，无以命之[⑦]，彼何人者邪？”

kǒng zǐ yuē bǐ yóu fāng zhī wài zhě yě ér qiū yóu fāng zhī nèi zhě yě
孔子曰：“彼，游方之外者也；而丘，游方之内者也[⑧]。

wài nèi bù xiāng jí ér qiū shǐ rǔ wǎng diào zhī qiū zé lòu yǐ bǐ fāng qiě yǔ zào wù
外内不相及，而丘使女往吊之，丘则陋矣。彼方且与造物

zhě wéi rén ér yóu hū tiān dì zhī yī qì bǐ yǐ shēng wéi fù zhuì xuán yóu yǐ sǐ
者为人[⑨]，而游乎天地之一气。彼以生为附赘县疣[⑩]，以死

wéi jué huàn kuì yōng fú ruò rán zhě yòu wū zhī sǐ shēng xiān hòu zhī suǒ zài jiǎ yú
为决疣溃痈[⑪]，夫若然者，又恶知死生先后之所在！假于

①莫然：淡漠，引申为平静相交的样子。有间：时间不长。 ②侍事：帮助治理丧事。 ③嗟来：表示感叹的歌辞。 ④而：同“尔”，你。反：通“返” ⑤趋：快步走。 ⑥“修行”句：他们没有修养德行，而把形骸置之度外。 ⑦命：形容。 ⑧“彼，游”句：他们都是超脱凡俗、逍遥于世外的人；我孔丘只是生活在礼仪法度的国度里。方之外，方域之外，超脱于现实之外。 ⑨方且：正要。为人：为偶，为伴。 ⑩附赘：附生在身体上多余的肉块。县，通“悬”。疣：长在身上的毒疮。整句话是指把生看作是可恶的负担。 ⑪痈：红肿出脓的疮。这句话是指把死看作是解除祸患的快事。

yì wù tuō yú tóng tǐ wàng qí gān dǎn yí qí ěr mù fǎn fù zhōng shǐ bù zhī
异物，托于同体；忘其肝胆，遗其耳目[1]；反复终始，不知

duān ní máng rán páng huáng hū chén gòu zhī wài xiāo yáo hū wú wéi zhī yè bǐ yòu
端倪[2]；芒然彷徨乎尘垢之外[3]，逍遥乎无为之业。彼又

wū néng kuì kuì rán wéi shì sú zhī lǐ yǐ guān zhòng rén zhī ěr mù zāi
恶能愦愦然为世俗之礼[4]，以观众人之耳目哉[5]！”

zǐ gòng yuē rán zé fū zǐ hé fāng zhī yī kǒng zǐ yuē qiū tiān zhī lù
子贡曰：“然则夫子何方之依[6]？”孔子曰：“丘，天之戮

mín yě suī rán wú yǔ rǔ gòng zhī zǐ gòng yuē gǎn wèn qí fāng kǒng zǐ
民也[7]。虽然，吾与汝共之[8]。”子贡曰：“敢问其方。”孔子

yuē yú xiāng zào hū shuǐ rén xiāng zào hū dào xiāng zào hū shuǐ zhě chuān chí ér
曰：“鱼相造乎水，人相造乎道[9]。相造乎水者，穿池而

yǎng jǐ xiāng zào hū dào zhě wú shì ér xìng dìng gù yuē yú xiāng wàng hū jiāng
养给[10]；相造乎道者，无事而生定[11]。故曰，鱼相忘乎江

hú rén xiāng wàng hū dào shù zǐ gòng yuē gǎn wèn jī rén yuē jī rén zhě
湖，人相忘乎道术。”子贡曰：“敢问畸人[12]。”曰：“畸人者，

jī yú rén ér móu yú tiān gù yuē tiān zhī xiǎo rén rén zhī jūn zǐ tiān zhī jūn zǐ
畸于人而侔于天[13]。故曰，天之小人，人之君子；天之君子，

rén zhī xiǎo rén yě
人之小人也。”

yì ér zǐ jiàn xǔ yóu xǔ yóu yuē yáo hé yǐ zī rǔ yì ér zǐ
3．意而子见许由[14]。许由曰：“尧何以资汝[15]？”意而子

yuē yáo wèi wǒ rǔ bì gōng fú rén yì ér míng yán shì fēi xǔ yóu yuē ěr
曰：“尧谓我：‘汝必躬服仁义而明言是非[16]。’”许由曰：“而

①遗：忘。②端：开始。倪：尽头。③芒然：通“茫然”。尘垢：指现实世界。④愦愦然：昏乱，糊涂的样子。⑤观：被看，给人看。⑥夫子：指孔子。何方之依：依从何方，即依从“方外”还是依从“方内”。依，选择。⑦戮：刑罚。⑧共：一同。⑨“鱼相”句：鱼相生于水，人相生于道。这句是以鱼得水来比喻人得道。造，生。⑩穿池：挖地成水池。⑪生：通“性”，心性。⑫畸人：异人，不平常的人。⑬侔：相等，齐。⑭意而子：假托的寓言人物。⑮资：资助，帮助。⑯躬服：身体力行。明言：明辨。

xī lái wéi zhǐ fú yáo jì yǐ qíng rǔ yǐ rén yì ér yì rǔ yǐ shì fēi yǐ rǔ
奚来为轵①？夫尧既已黥汝以仁义②，而劓汝以是非矣③，汝

jiāng hé yǐ yóu fú yáo dàng zì suī zhuǎn xǐ zhī tú hū yì ér zǐ yuē suī rán wú
将何以游夫遥荡恣睢转徙之途乎④？”意而子曰：“虽然，吾

yuàn yóu yú qí fān xǔ yóu yuē bù rán fú máng zhě wú yǐ yǔ hū méi mù yán
愿游于其藩⑤。”许由曰：“不然。夫盲者无以与乎眉目颜

sè zhī hǎo gǔ zhě wú yǐ yù hū qīng huáng fǔ fú zhī guān yì ér zǐ yuē fú
色之好⑥，瞽者无以与乎青黄黼黻之观⑦。”意而子曰：“夫

wú zhuāng zhī shī qí měi jù liáng zhī shī qí lì huáng dì zhī wáng qí zhì jiē zài
无庄之失其美⑧，据梁之失其力⑨，黄帝之亡其知，皆在

lú chuí zhī jiān ěr yōng jù zhī fú zào wù zhě zhī bù xī wǒ qíng ér bǔ wǒ yì shǐ
炉捶之间耳⑩。庸讵知夫造物者之不息我黥而补我劓，使

wǒ chéng chéng yǐ suí xiān shēng yé xǔ yóu yuē yī wèi kě zhī yě wǒ wèi rǔ
我乘成以随先生邪⑪？”许由曰：“噫！未可知也。我为汝

yán qí dà lüè wú shī hū wú shī hū jī wàn wù ér bù wéi yì zé jí wàn
言其大略。吾师乎！吾师乎！整万物而不为义⑫，泽及万

shì ér bù wéi rén zhǎng yú shàng gǔ ér bù wéi lǎo fù zài tiān dì kè diāo zhòng xíng ér
世而不为仁⑬，长于上古而不为老，覆载天地刻雕众形而

bù wéi qiǎo cǐ suǒ yóu yǐ
不为巧。此所游已⑭。

yán huí yuē huí yì yǐ zhòng ní yuē hé wèi yě yuē huí wàng
4. 颜回曰：“回益矣⑮。”仲尼曰：“何谓也？”曰：“回忘

①“而奚”句：即“而为奚来轵”的倒装，意为“你为何而来呢？”而，通“尔”，你。轵，通“只”，语助词。 ②黥：古时在犯人面额刻刺，然后涂上墨的一种刑罚。 ③劓：古时割鼻子的刑罚。此二句比喻仁义是非对人的毒害。 ④“汝将”句：你将怎样遨游于逍遥自在的变化境界呢？恣睢，放纵。转徙，变迁、变化。 ⑤藩：藩篱，引申为领域。 ⑥与：参与。好：漂亮。 ⑦瞽：瞎。黼黻：古代礼服，喻指华美的衣饰。 ⑧无庄：古代美人。 ⑨据梁：古时大力士。 ⑩炉捶：陶冶锻炼。 ⑪乘成：载着完全的形体。 ⑫整：粉碎，这里引申为调和。 ⑬泽及万世：施恩德于万代黎民。泽，恩泽。 ⑭此所游已：此即我所逍遥的境界。 ⑮益：增益，进步。

lǐ yuè yǐ　yuē　kě yǐ　yóu wèi yě　tā rì　fù jiàn　yuē　huí yì yǐ
礼乐矣。”曰:“可矣,犹未也[①]。”他日,复见,曰:“回益矣。”

yuē　hé wèi yě　yuē　huí wàng rén yì yǐ　yuē　kě yǐ　yóu wèi yě　tā
曰:“何谓也?”曰:“回忘仁义矣。”曰:“可矣,犹未也。”他

rì　fù jiàn　yuē　huí yì yǐ　yuē　hé wèi yě　yuē　huí zuò wàng yǐ
日,复见,曰:“回益矣。”曰:“何谓也?”曰:“回坐忘矣[②]。”

zhòng ní　cù rán yuē　hé wèi zuò wàng　yán huí yuē　huī zhī tǐ　chù cōng
仲尼蹴然曰[③]:“何谓坐忘?”颜回曰:“堕肢体[④],黜聪

míng　lí xíng qù zhì　tóng yú dà tōng　cǐ wèi zuò wàng　zhòng ní yuē　tóng zé
明[⑤],离形去知[⑥],同于大通[⑦],此谓坐忘。”仲尼曰:“同则

wú hào yě　huà zé wú cháng yě　ér guǒ qí xián hū　qiū yě qǐng cóng ér
无好也,化则无常也[⑧]。而果其贤乎!丘也请从而

hòu yě
后也[⑨]。”

zǐ yú yǔ zǐ sāng yǒu　ér lín yǔ shí rì　zǐ yú yuē　zǐ sāng dài
5. 子舆与子桑友[⑩],而霖雨十日[⑪]。子舆曰:“子桑殆

bìng yǐ　guǒ fàn ér wǎng sì zhī　zhì zǐ sāng zhī mén　zé ruò gē ruò kū　gǔ
病矣[⑫]!”裹饭而往食之[⑬]。至子桑之门,则若歌若哭[⑭],鼓

qín yuē　fù yé　mǔ yé　tiān hū　rén hū　yǒu bù rèn qí shēng ér qū jǔ qí
琴曰:“父邪!母邪!天乎!人乎!”有不任其声而趋举其

shī yān　zǐ yú rù　yuē　zǐ zhī gē shī　hé gù ruò shì　yuē　wú sī fú shǐ
诗焉[⑮]。子舆入,曰:“子之歌诗,何故若是?”曰:“吾思夫使

---

①“可矣”句:忘掉仁义,有可能入道,然而还是没有进入大道的境界。犹未,还不够。 ②坐忘:静坐而忘记一切,从而进入大道境界。 ③蹴然:惊奇而神态变化的样子。 ④堕:通“隳”,废除。 ⑤黜:摈除。 ⑥离形:离析肢体。去知:去除智慧。知,通“智”。 ⑦大通:大道。 ⑧“同则”句:和同万物大道就没有偏好,顺应大道的变化就不会滞守常理。常:执着。 ⑨请从而后:愿意跟从。而,通“尔”,你。 ⑩子桑:虚构的人物。 ⑪霖雨:连绵大雨。 ⑫殆:大概。病:指饥饿。 ⑬食:拿食物给人吃。 ⑭若歌若哭:好像是唱歌,好像是哭泣。 ⑮“有不”句:微弱的声音,急促地吟着诗。不任,不堪,不能承受。趋,急促。

wǒ zhì cǐ jí zhě ér fú dé yě fù mǔ qǐ yù wú pín zāi tiān wú sī fù dì
我至此极者而弗得也①。父母岂欲吾贫哉？天无私覆，地

wú sī zài tiān dì qǐ sī pín wǒ zāi qiú qí wéi zhī zhě ér bù dé yě rán ér zhì
无私载，天地岂私贫我哉？求其为之者而不得也。然而至

cǐ jí zhě mìng yě fú
此极者，命也夫②！”

①“吾思夫”句：我在思索使我如此贫困的是谁，却得不到答案。极，绝境。②“然而”句：使我达到如此贫困境地的，大概是大道吧！命，天命，自然。

yìng dì wáng

应帝王

niè quē wèn yú wáng ní　sì wèn ér sì bù zhī　niè quē yīn yuè ér dà xǐ
啮缺问于王倪[1]，四问而四不知。啮缺因跃而大喜[2]，
xíng yǐ gào pú yī zǐ　pú yī zǐ yuē　ěr nǎi jīn zhī zhī hū　yǒu yú shì bù
行以告蒲衣子[3]。蒲衣子曰："而乃今知之乎[4]？有虞氏不
jí tài shì　yǒu yú shì　qí yóu cáng rén yǐ yāo rén　yì dé rén yǐ　ér wèi shǐ
及泰氏[5]。有虞氏，其犹藏仁以要人[6]；亦得人矣[7]，而未始
chū yú fēi rén　tài shì　qí wò xú xú　qí jué yú yú　yī yǐ jǐ wéi mǎ　yī
出于非人[8]。泰氏，其卧徐徐[9]，其觉于于[10]；一以己为马，一
yǐ jǐ wéi niú　qí zhì qíng xìn　qí dé shèn zhēn　ér wèi shǐ rù yú fēi rén
以己为牛；其知情信，其德甚真，而未始入于非人[11]。"

jiān wú jiàn kuáng jiē yú　kuáng jiē yú yuē　rì zhōng shǐ hé yǐ yù rǔ　jiān
肩吾见狂接舆，狂接舆曰："日中始何以语女[12]？"肩
wú yuē　gào wǒ jūn rén zhě yǐ jǐ chū jīng shì yí dù　rén shú gǎn bù tīng ér huà
吾曰："告我君人者以己出经式义度[13]，人孰敢不听而化
zhū　kuáng jiē yú yuē　shì qī dé yě　qí yú zhì tiān xià yě　yóu shè hǎi záo
诸[14]！"狂接舆曰："是欺德也[15]。其于治天下也，犹涉海凿

---

①啮缺、王倪：传说中尧时贤人。 ②跃而大喜：高兴得跳起来。因为王倪对于啮缺的回答都是"不知"，从中可以看出王倪领悟了圣人以无知为知的妙境，故高兴地跳了起来。 ③蒲衣子：寓言人物，传说是尧时人。 ④而：你。 ⑤有虞氏：舜帝。泰氏：上古帝王，无名之君。 ⑥"有虞"句：有虞氏还用心怀仁义来笼络人心。藏仁，心怀仁义。要，要结，笼络。 ⑦得人：得人心。 ⑧"而未"句：但是还没有超出外物的牵累。出，超出。非人，外物。 ⑨徐徐：安闲，舒缓。 ⑩于于：形容自得的样子。 ⑪未始入于非人：未曾陷入外物的牵累。 ⑫日中始：假设的人名。女：通"汝"。 ⑬君人者：国君。出：公布。经式义度：指统治国家的法度。经，法典。式，程式，规矩。义通"仪"，裁断之法。度，准则， ⑭"人孰"句：人民谁敢不奉从而接受教化呢！化，教化。 ⑮欺德：指虚伪不实的道德。

hé ér shǐ wén fù shān yě fú shèng rén zhī zhì yě zhì wài hū zhèng ér hòu
河，而使蚊负山也①。夫圣人之治也，治外乎②？正而后

xíng què hū néng qí shì zhě ér yǐ yǐ qiě niǎo gāo fēi yǐ bì zēng yì zhī hài
行③，确乎能其事者而已矣④。且鸟高飞以避矰弋之害⑤，

xī shǔ shēn xué hū shén qiū zhī xià yǐ bì xūn záo zhī huàn ér zēng èr chóng zhī
鼷鼠深穴乎神丘之下⑥，以避熏凿之患，而曾二虫之

wú rú
无如⑦！”

tiān gēn yóu yú yīn yáng zhì liǎo shuǐ zhī shàng shì zāo wú míng rén ér wèn yān
天根游于殷阳⑧，至蓼水之上⑨，适遭无名人而问焉⑩，

yuē qǐng wèn wéi tiān xià wú míng rén yuē qù rǔ bǐ rén yě hé wèn zhī bù
曰：“请问为天下⑪。”无名人曰：“去！汝鄙人也⑫，何问之不

yù yě yú fāng jiāng yǔ zào wù zhě wéi rén yàn zé yòu chéng fú mǎng miǎo zhī
豫也⑬！予方将与造物者为人⑭，厌，则又乘夫莽眇之

niǎo yǐ chū liù jí zhī wài ér yóu wú hé yǒu zhī xiāng yǐ chǔ kuàng yín zhī yě
鸟⑮，以出六极之外，而游无何有之乡，以处圹埌之野⑯。

rǔ yòu hé yì yǐ zhì tiān xià gǎn yú zhī xīn wéi yòu fù wèn wú míng rén yuē rǔ
汝又何帠以治天下感予之心为⑰？”又复问。无名人曰：“汝

yóu xīn yú dàn hé qì yú mò shùn wù zì rán ér wú róng sī yān ér tiān xià
游心于淡，合气于漠⑱，顺物自然而无容私焉⑲，而天下

zhì yǐ
治矣。”

①“犹涉海”句：就如同在大海里凿河，使蚊虫背负大山一样的不可能办到。②治外：统治别人。③正：端正自己。行：推行。④“确乎”句：按照人们各自能做的事去做就行了，即人们能做什么就任随他们去做吧。确，确定。能其事，能做好各自能做的事。⑤矰弋：古时射飞鸟的器具。矰，一种用丝绳系住以便弋射飞鸟的短箭。⑥鼷鼠：小鼠。深穴：这里是动词，打很深的地洞藏身。神丘：社坛。⑦“而曾”句：难道就和这两种动物一样的无知吗？言外之意是说，动物还知道躲避危害呢，比动物聪明得多的人怎能被欺骗而听从经式义度的摆布呢？曾，乃。⑧天根：虚构的人名。殷阳：殷山的南面。⑨蓼水：水名。⑩适遭：正好碰到。无名人：虚构的人名。⑪为：治理。⑫鄙人：见识浅的人。⑬豫：适，妥当。⑭方将：正在。⑮厌：厌烦。乘夫莽眇之鸟：比喻心神翱翔在飘渺的世界。莽眇，飘渺，清虚。⑯圹埌：空荡辽阔。⑰何帠：拿什么。⑱“汝游心”句：心虚静就是游于淡，气平和就是合于漠。淡、漠，都是清净无为的意思。⑲容私：夹杂私心成见。

yáng zǐ jū jiàn lǎo dān yuē yǒu rén yú cǐ xiǎng jí qiáng liáng wù chè shū
阳子居见老聃[1]，曰：“有人于此，向疾强梁[2]，物彻疏
míng xué dào bù juàn rú shì zhě kě bǐ míng wáng hū lǎo dān yuē shì wū
明[3]，学道不勌[4]。如是者，可比明王乎[5]？”老聃曰：“是於
shèng rén yě xū yì jì xì láo xíng chù xīn zhě yě qiě yě hǔ bào zhī wén lái
圣人也[6]，胥易技系[7]，劳形怵心者也[8]。且也虎豹之文来
tián yuán jū zhī biàn lái jí rú shì zhě kě bǐ míng wáng hū yáng zǐ jū cù
田[9]，猨狙之便来藉[10]。如是者，可比明王乎？”阳子居蹴
rán yuē gǎn wèn míng wáng zhī zhì lǎo dān yuē míng wáng zhī zhì gōng gài tiān xià
然曰[11]：“敢问明王之治。”老聃曰：“明王之治：功盖天下
ér sì bù zì jǐ huà dài wàn wù ér mín fú shì yǒu mò jǔ míng shǐ wù zì xǐ
而似不自己[12]，化贷万物而民弗恃[13]；有莫举名[14]，使物自喜；
lì hū bù cè ér yóu yú wú yǒu zhě yě
立乎不测，而游于无有者也[15]。”

zhèng yǒu shén wū yuē jì xián zhī rén zhī sǐ shēng cún wáng huò fú shòu yāo qī
郑有神巫曰季咸[16]，知人之死生存亡[17]，祸福寿夭，期
yǐ suì yuè xún rì ruò shén zhèng rén jiàn zhī jiē qì ér zǒu liè zǐ jiàn zhī ér
以岁月旬日，若神[18]。郑人见之，皆弃而走[19]。列子见之而
xīn zuì guī yǐ gào hú zǐ yuē shǐ wú yǐ fū zǐ zhī dào wéi zhì yǐ zé yòu
心醉[20]，归以告壶子[21]，曰：“始吾以夫子之道为至矣[22]，则又

①阳子居：姓阳，名朱，字子居。②向疾强梁：向通“响”。敏捷果敢的意思。③物彻疏明：对事物理解得十分透彻。④勌：通“倦”，疲倦。⑤明王：英明的君主。⑥於：通“乌”，何，哪里。⑦胥：官府中的小官吏。易：会占卜的官。⑧怵：惊。⑨文：花纹。来：招致。田：后作“畋”，田猎。⑩猨狙：猨通“猿”，猿猴。便：敏捷。来藉：招来系缚。⑪蹴然：惭愧的样子。⑫盖：覆盖。不自己：不归功于自己。自：由。⑬“化贷”句：英明的君王教化施恩于万物，但老百姓并不认为是依靠了君主，而只是出于自然罢了。贷，施舍，恩赐。恃，依赖。⑭有莫举名：取得成就有功德，却不能用名称说出来。有，得。莫，毋，无法。举，称说。名，形容。⑮“立乎”句：形容明王清静幽隐，而游心于自然无为的境地。⑯神巫：精于巫术和相术的人。⑰知：测知。⑱“期以”句：指预言年、月、旬、日，准确得像神仙一样。期，约，预言，预测。⑲皆弃而走：都抛开季咸，远远跑开。因为怕被他测算出自己的死期。⑳心醉：沉迷于季咸的技术。㉑壶子：郑国人，名林，号壶子。是列子的老师，一个很有道德修养的人。㉒至：最高。

yǒu zhì yān zhě yǐ　hú zǐ yuē　wú yǔ rǔ jì qí wén　wèi jì qí shí　ěr gù dé
有至焉者矣。”壶子曰：“吾与汝既其文，未既其实[1]，而固得

dào yú　zhòng cí ér wú xióng　ér yòu xī luǎn yān　ěr yǐ dào yǔ shì kàng　bì
道与[2]？众雌而无雄，而又奚卵焉[3]！而以道与世亢[4]，必

shēn　fú gù shǐ rén dé ér xiàng rǔ　cháng shì yǔ lái　yǐ yú shì zhī
信[5]，夫故使人得而相汝[6]。尝试与来[7]，以予示之[8]。”

míng rì　liè zǐ yǔ zhī jiàn hú zǐ　chū ér wèi liè zǐ yuē　xī　zǐ zhī xiān
明日，列子与之见壶子。出而谓列子曰：“嘻！子之先

shēng sǐ yǐ　fú huó yǐ　bù yǐ xún shù yǐ　wú jiàn guài yān　jiàn shī huī
生死矣！弗活矣！不以旬数矣！吾见怪焉[9]，见湿灰

yān　liè zǐ rù　qì tì zhān jīn yǐ gào hú zǐ　hú zǐ yuē　xiàng wú shì zhī yǐ
焉[10]。”列子入，泣涕沾襟以告壶子。壶子曰：“乡吾示之以

dì wén　méng hū bù zhèn bù zhǐ　shì dài jiàn wú dù dé jī yě　cháng yòu
地文[11]，萌乎不震不止。是殆见吾杜德机也[12]。尝又

yǔ lái
与来。”

míng rì　yòu yǔ zhī jiàn hú zǐ　chū ér wèi liè zǐ yuē　xìng yǐ　zǐ zhī xiān
明日，又与之见壶子。出而谓列子曰：“幸矣，子之先

shēng yù wǒ yě　yǒu chōu yǐ　quán rán yǒu shēng yǐ　wú jiàn qí dù quán yǐ　liè
生遇我也！有瘳矣[13]，全然有生矣！吾见其杜权矣[14]。”列

zǐ rù　yǐ gào hú zǐ　hú zǐ yuē　xiàng wú shì zhī yǐ tiān rǎng　míng shí bù rù
子入，以告壶子。壶子曰：“乡吾示之以天壤[15]，名实不入，

---

①“吾与”句：我教给你的只是表面的名相，而其实质（的道）还没有来得及传授呢。与，给予。文，表现形式，外表。实，实质。②而：你。与：通“欤”。③“众雌”二句：有雌没有雄，是不可能生育的。比喻只有文而没有实，是不能称为道的。奚：何，怎么。④亢：通“抗”，抗衡，周旋。⑤信：通“伸”，表露自己。⑥相：旧时迷信，用观察面貌、形体来推测人的命运。⑦与来：带来。⑧以予示之：把我介绍给他看一看。⑨怪：怪异。⑩湿灰：无法再燃烧的灰，喻指毫无生气。⑪乡：通“向”，刚才。地文：像大地一样，形容心境寂静。⑫殆：大概。杜德机：闭塞生机。⑬有瘳：有病愈的希望。⑭杜权：闭塞中有变动，即变得有了一点生机。权，变，动。⑮天壤：天地间的生机。壤，地。

ér jī fā yú zhǒng shì dài jiàn wú shàn zhě jī yě cháng yòu yǔ lái
而机发于踵。是殆见吾善者机也[1]。尝又与来。”

míng rì yòu yǔ zhī jiàn hú zǐ chū ér wèi liè zǐ yuē zǐ zhī xiān shēng bù
明日，又与之见壶子。出而谓列子曰：“子之先生不

qí wú wú dé ér xiàng yān shì qí qiě fù xiàng zhī liè zǐ rù yǐ gào hú
齐[2]，吾无得而相焉[3]。试齐，且复相之。”列子入，以告壶

zǐ hú zǐ yuē xiàng wú shì zhī yǐ tài chōng mò shèng shì dài jiàn wú héng qì jī
子。壶子曰：“乡吾示之以太冲莫胜[4]。是殆见吾衡气机

yě ní huán zhī shěn wéi yuān zhǐ shuǐ zhī shěn wéi yuān liú shuǐ zhī shěn wéi yuān
也[5]。鲵桓之审为渊[6]，止水之审为渊，流水之审为渊。

yuān yǒu jiǔ míng cǐ chǔ sān yān cháng yòu yǔ lái
渊有九名，此处三焉。尝又与来。”

míng rì yòu yǔ zhī jiàn hú zǐ lì wèi dìng zì shī ér zǒu hú zǐ yuē
明日，又与之见壶子。立未定[7]，自失而走。壶子曰：

zhuī zhī liè zǐ zhuī zhī bù jí fǎn yǐ bào hú zǐ yuē yǐ miè yǐ yǐ shī
“追之！”列子追之不及。反，以报壶子曰：“已灭矣，已失

yǐ wú fú jí yǐ hú zǐ yuē xiàng wú shì zhī yǐ wèi shǐ chū wú zōng wú yǔ
矣，吾弗及已。”壶子曰：“乡吾示之以未始出吾宗[8]。吾与

zhī xū ér wěi yí bù zhī qí shuí hé yīn yǐ wéi tí mǐ yīn yǐ wéi bō liú
之虚而委蛇[9]，不知其谁何[10]，因以为弟靡[11]，因以为波流[12]，

gù táo yě rán hòu liè zǐ zì yǐ wéi wèi shǐ xué ér guī sān nián bù chū wèi qí qī
故逃也。”然后列子自以为未始学而归，三年不出。为其妻

cuàn sì shǐ rú sì rén yú shì wú yǔ qīn diāo zhuó fù pǔ kuài rán dú yǐ qí
爨[13]，食豕如食人[14]。于事无与亲[15]，雕琢复朴，块然独以其

①善者机：即生机。②不齐：形容变化不定，精神恍惚。③无得：无法。④乡：作“向”。太冲：阴阳二气调和。⑤衡气机：气度持平的征兆。衡，平。⑥鲵：小鱼。桓：盘桓，徘徊。⑦立未定：指季咸还没站稳。⑧未始出吾宗：还没有出示我的根本大道。⑨委蛇：随顺自然的样子。⑩不知其谁何：不知道我是怎么回事。不知，指季咸不知道。其，指壶子自指。⑪弟靡：茅草顺风而倒。弟通“稊”，茅草类。⑫波流：如水随波而流。⑬爨：烧火做饭。⑭食豕：喂猪。⑮亲：亲疏。

xíng lì fēn ér fēng zāi yī yǐ shì zhōng
形立①。纷而封哉，一以是终②。

wú wéi míng shī wú wéi móu fǔ wú wéi shì rèn wú wéi zhì zhǔ tǐ jìn
无为名尸③，无为谋府④；无为事任⑤，无为知主⑥。体尽

wú qióng ér yóu wú zhèn jìn qí suǒ shòu hū tiān ér wú xiàn dé yì xū ér yǐ
无穷⑦，而游无朕⑧；尽其所受乎天，而无见得⑨，亦虚而已！

zhì rén zhī yòng xīn ruò jìng bù jiāng bù yíng yìng ér bù cáng gù néng shèng wù ér
至人之用心若镜⑩，不将不迎，应而不藏⑪，故能胜物而

bù shāng
不伤。

nán hǎi zhī dì wéi shū běi hǎi zhī dì wéi hū zhōng yāng zhī dì wéi hún dùn
南海之帝为儵⑫，北海之帝为忽，中央之帝为浑沌。

shū yǔ hū shí xiāng yǔ yù yú hún dùn zhī dì hún dùn dài zhī shèn shàn shū yǔ hū móu
儵与忽时相与遇于浑沌之地，浑沌待之甚善。儵与忽谋

bào hún dùn zhī dé yuē rén jiē yǒu qī qiào yǐ shì tīng shí xī cǐ dú wú yǒu
报浑沌之德⑬，曰："人皆有七窍以视听食息⑭，此独无有，

cháng shì záo zhī rì záo yī qiào qī rì ér hún dùn sǐ
尝试凿之。"日凿一窍，七日而浑沌死。

---

①块然：像土块一样。②一以是终：一直以此为终。③无为：不要作。名尸：名声的承当者。④谋府：藏计谋的地方。⑤无为事任：不可强行任事。⑥知主：智慧的主宰者。知，通"智"。⑦体尽无穷：体悟广大无边的境界。⑧无朕：没有痕迹。⑨"尽其"句：承受着自然的本性，而不自我夸耀。无见得，即不自夸。⑩若镜：像镜子一样真实地反映客观。⑪"不将"句：形容顺任自然，不怀私意。将，送。应，反应。不藏，在心里不留痕迹。⑫儵：与下文的忽、浑沌，都是寓言中的名字。⑬谋：谋划。⑭七窍：七个洞，指二眼、二鼻孔、二耳、一口。息：呼吸。

pián mǔ

骈拇

（节选）

pián mǔ qí zhǐ chū hū xìng zāi ér chǐ yú dé fù zhuì xuán yóu

1. 骈拇枝指，出乎性哉[①]！而侈于德[②]。附赘县疣[③]，

chū hū xíng zāi ér chǐ yú xìng duō fāng hū rén yì ér yòng zhī zhě liè yú wǔ zàng

出乎形哉！而侈于性。多方乎仁义而用之者[④]，列于五藏

zāi ér fēi dào dé zhī zhèng yě shì gù pián yú zú zhě lián wú yòng zhī ròu yě

哉[⑤]！而非道德之正也[⑥]。是故骈于足者，连无用之肉也；

qí yú shǒu zhě shù wú yòng zhī zhǐ yě pián zhī yú wǔ zàng zhī qíng zhě yín pì yú rén yì

枝于手者，树无用之指也；骈枝于五藏之情者，淫僻于仁义

zhī xíng ér duō fāng yú cōng míng zhī yòng yě

之行[⑦]，而多方于聪明之用也。

shì gù pián yú míng zhě luàn wǔ sè yín wén zhāng qīng huáng fǔ fú zhī huáng

是故骈于明者，乱五色，淫文章[⑧]，青黄黼黻之煌

huáng fēi hū ér lí zhū shì yǐ duō yú cōng zhě luàn wǔ shēng yín liù lǜ

煌非乎[⑨]？而离朱是已[⑩]。多于聪者，乱五声[⑪]，淫六律[⑫]，

---

①骈：并列的。拇：足大趾。骈拇：并生的足趾。枝指：同“歧”，旁生的小指。出乎性哉：出于本性么？ ②侈：多，剩余。德：通“得”。 ③附赘：附生在身体上多余的肉块。县通“悬”。疣：长在身上的毒疮。 ④多方：多端，多事。 ⑤列于五藏：比列于身体本有的五脏么？藏，通“脏”。五脏指心、肝、脾、肾、肺。 ⑥正：纯正，本然。 ⑦淫：沉溺。僻：不正。 ⑧骈于明：过分明察。乱五色，淫文章：在五色、文章之外，还能够过分明察到更多的颜色，反而会造成五色迷乱、文章混淆。五色，青、黄、赤、白、黑。文章，青与赤相交为文，赤与白相交为章。 ⑨黼黻：古代礼服，喻指华美的衣饰。煌煌：形容光耀缭乱的样子。 ⑩离朱：传说黄帝时视力最好的人，能在百步之外看见秋毫之末。 ⑪五声：指宫、商、角、徵(zhǐ)、羽。古乐中的五个音符。 ⑫六律：把竹子截成长短不等的筒子，吹出清浊高低不同的十二音，分为阴阳各六音，阴为吕，阳为律，称为六吕六律。六律的名称分别是黄钟、太簇、姑洗、蕤(ruí)宾、无射、夹钟。

jīn shí sī zhú huáng zhōng dà lǚ zhī shēng fēi hū ér shī kuàng shì yǐ qí yú rén
金石丝竹黄钟大吕之声非乎①？而师旷是已②。枝于仁

zhě zhuó dé sāi xìng yǐ shōu míng shēng shǐ tiān xià huáng gǔ yǐ fèng bù jí zhī fǎ fēi
者③，擢德塞性以收名声，使天下簧鼓以奉不及之法非

hū ér zēng shǐ shì yǐ pián yú biàn zhě lěi wǎ jié shéng cuàn jù chuí cí yóu xīn
乎④？而曾史是已⑤。骈于辩者，累瓦结绳窜句棰辞游心

yú jiān bái tóng yì zhī jiān ér bì kuǐ yù wú yòng zhī yán fēi hū ér yáng mò shì
于坚白同异之间⑥，而敝跬誉无用之言非乎⑦？而杨墨是

yǐ gù cǐ jiē duō pián páng zhī zhī dào fēi tiān xià zhī zhì zhèng yě
已⑧。故此皆多骈旁枝之道，非天下之至正也⑨。

bǐ zhì zhèng zhě bù shī qí xìng mìng zhī qíng gù hé zhě bù wéi pián ér
2. 彼至正者⑩，不失其性命之情。故合者不为骈，而

zhī zhě bù wéi qí cháng zhě bù wéi yǒu yú duǎn zhě bù wéi bù zú shì gù fú jìng
枝者不为歧⑪；长者不为有余，短者不为不足。是故凫胫

suī duǎn xù zhī zé yōu hè jìng suī cháng duàn zhī zé bēi gù xìng cháng fēi suǒ duàn
虽短⑫，续之则忧；鹤胫虽长，断之则悲。故性长非所断，

xìng duǎn fēi suǒ xù wú suǒ qù yōu yě yì rén yì qí fēi rén qíng hū bǐ rén rén
性短非所续，无所去忧也⑬。意仁义其非人情乎⑭！彼仁人

hé qí duō yōu yě
何其多忧也？

---

①金石丝竹、黄钟大吕：都是古乐中的音调。大吕，六吕中的第一音。 ②师旷：晋平公时的乐师，精于音律。 ③枝于仁者：在仁义上多生枝节，意即标榜道德。枝：枝节。 ④“擢德塞性”句：标榜道德，闭塞本性来求沽名钓誉，岂不是使天下人喧嚷着去奉守不可从的法式么？擢，拔取。簧鼓，用作动词，吹笙打鼓，进行鼓吹，比喻进行宣传吹捧。奉：奉守。 ⑤曾：曾参，字子舆，孔子弟子。史：史鳅，字子鱼，卫灵公臣子。这两个人以仁孝出名。 ⑥累瓦结绳：古时记事的方法，引申为记事。窜句：穿凿文句。坚白：坚白论。是战国时期名辩的论题之一，当时分为两派。一派以公孙龙为首，他分析“坚白石”，认为视觉只是看到石头的白色而看不到坚硬，触觉摸到坚硬而摸不到白色。因此，坚和白是分离的。这是“离坚白”的一派。另一派主张“盈坚白”，以墨子为首，认为坚白同是石的属性而不可分。 ⑦敝：疲敝。跬誉：一时的名誉。 ⑧杨：杨朱，字子居，宋人。墨：墨翟，鲁国人，墨家学派的创始人。 ⑨至正：最纯正的德行。 ⑩至正：事物本来实况。 ⑪“故合”句：自然而言，虽然合，但不为骈，虽然枝但不为歧。 ⑫凫胫：野鸭的小腿。 ⑬无所去忧也：没有什么可忧虑的。去，抛弃，离开。 ⑭意：成玄英疏本作“噫”，嗟叹之声。人情：人的本质。

qiě fú pián yú mǔ zhě jué zhī zé qì qí yú shǒu zhě hé zhī zé tí èr

且夫骈于拇者，决之则泣[1]；枝于手者，龁之则啼[2]。二

zhě huò yǒu yú yú shù huò bù zú yú shù qí yú yōu yī yě jīn shì zhī rén rén

者，或有余于数[3]，或不足于数，其于忧一也。今世之仁人，

hāo mù ér yōu shì zhī huàn bù rén zhī rén jué xìng mìng zhī qíng ér tāo guì fù gù

蒿目而忧世之患[4]；不仁之人，决性命之情而饕贵富[5]。故

yuē rén yì qí fēi rén qíng hū zì sān dài yǐ xià zhě tiān xià hé qí xiāo xiāo yě

曰仁义其非人情乎！自三代以下者，天下何其嚣嚣也[6]？

---

①决：裂，分开。②龁：咬断。③数：应有的数目。④蒿目：忧虑不安的眼神。⑤决：溃乱。饕：贪婪。⑥“自三代”句：然而从夏商周三代以后，天下为什么这样喧哗不平静呢？三代，指夏商周三个朝代。嚣嚣，喧嚣。

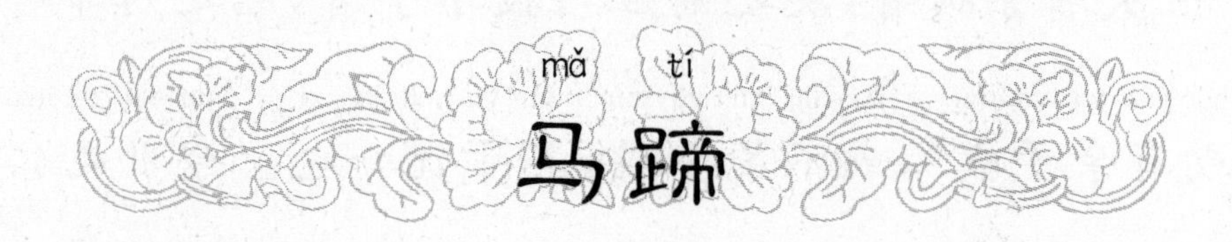

mǎ tí

马蹄

mǎ tí kě yǐ jiàn shuāng xuě máo kě yǐ yù fēng hán hé cǎo yǐn shuǐ qiáo zú
马，蹄可以践霜雪[1]，毛可以御风寒，龁草饮水[2]，翘足

ér lù cǐ mǎ zhī zhēn xìng yě suī yǒu xī tái lù qǐn wú suǒ yòng zhī jí zhì
而陆[3]，此马之真性也。虽有义台路寝[4]，无所用之。及至

bó lè yuē wǒ shàn zhì mǎ shāo zhī tì zhī kè zhī luò zhī lián zhī
伯乐[5]，曰："我善治马。"烧之[6]，剔之[7]，刻之[8]，雒之[9]，连之

yǐ jī zhí biān zhī yǐ zào zhàn mǎ zhī sǐ zhě shí èr sān yǐ jī zhī kě zhī
以羁馽[10]，编之以皁栈[11]，马之死者十二三矣[12]；饥之，渴之，

chí zhī zhòu zhī zhěng zhī qí zhī qián yǒu jué shì zhī huàn ér hòu yǒu biān cè zhī
驰之，骤之[13]，整之，齐之[14]，前有橛饰之患[15]，而后有鞭筴之

wēi ér mǎ zhī sǐ zhě yǐ guò bàn yǐ táo zhě yuē wǒ shàn zhì zhí yuán zhě zhòng
威[16]，而马之死者已过半矣。陶者曰："我善治埴[17]，圆者中

guī fāng zhě zhòng jǔ jiàng rén yuē wǒ shàn zhì mù qū zhě zhòng gōu zhí zhě yìng
规[18]，方者中矩。"匠人曰："我善治木，曲者中钩，直者应

shéng fú zhí mù zhī xìng qǐ yù zhòng guī jǔ gōu shéng zāi rán qiě shì shì chēng zhī
绳[19]。"夫埴木之性，岂欲中规矩钩绳哉？然且世世称之

①践：踩，践踏。 ②龁：咬，吃。 ③陆：跳。 ④义台路寝：高台大殿。义台，台名，高。路，正大。 ⑤伯乐：姓孙，名阳，字伯乐，秦穆公时人，善于相马。 ⑥烧：用烧红的烙铁在马身上烙上印记，便于识别。 ⑦剔：同"剃"，修剪马毛。 ⑧刻：削马蹄甲。 ⑨雒：通"络"，用绳子套住马脖子，抓住并制服马。 ⑩羁：马络头。馽：马缰绳。 ⑪皁栈：马槽和马厩。 ⑫十二三：十分之二三。 ⑬骤之：使马快速奔跑。 ⑭整、齐：使马整齐划一，步伐一致。 ⑮橛：马口所衔的横木，即马勒。饰：马勒上的饰品。 ⑯鞭筴：马杖。带皮条的称为鞭，不带皮条的称为筴。 ⑰埴：黏土。 ⑱中：符合。 ⑲应：适应，相合。绳：木工用的墨线。

yuē bó lè shàn zhì mǎ ér táo jiàng shàn zhì zhí mù cǐ yì zhì tiān xià zhě zhī
曰“伯乐善治马，而陶匠善治埴木”，此亦治天下者之

guò yě
过也[①]。

wú yì shàn zhì tiān xià zhě bù rán bǐ mín yǒu cháng xìng zhī ér yì gēng ér
吾意善治天下者不然[②]。彼民有常性[③]，织而衣，耕而

shí shì wèi tóng dé yī ér bù dǎng mìng yuē tiān fàng gù zhì dé zhī shì qí
食，是谓同德；一而不党[④]，命曰天放[⑤]。故至德之世[⑥]，其

xíng tián tián qí shì diān diān dāng shì shí yě shān wú xī suì zé wú zhōu liáng
行填填[⑦]，其视颠颠[⑧]。当是时也，山无蹊隧[⑨]，泽无舟梁；

wàn wù qún shēng lián zhǔ qí xiāng qín shòu chéng qún cǎo mù suì zhǎng shì gù qín
万物群生，连属其乡[⑩]；禽兽成群，草木遂长[⑪]。是故禽

shòu kě xì jī ér yóu niǎo què zhī cháo kě pān yuán ér kuī
兽可系羁而游[⑫]，鸟鹊之巢可攀援而窥[⑬]。

fú zhì dé zhī shì tóng yǔ qín shòu jū zú yǔ wàn wù bìng wū hū zhī jūn zǐ
夫至德之世，同与禽兽居，族与万物并[⑭]，恶乎知君子

xiǎo rén zāi tóng hū wú zhī qí dé bù lí tóng hū wú yù shì wèi sù pǔ sù pǔ
小人哉！同乎无知，其德不离[⑮]；同乎无欲，是谓素朴；素朴

ér mín xìng dé yǐ jí zhì shèng rén bié xiè wéi rén zhì qì wéi yì ér tiān xià
而民性得矣。及至圣人，蹩躠为仁[⑯]，踶跂为义[⑰]，而天下

shǐ yí yǐ dàn màn wéi lè zhāi pì wéi lǐ ér tiān xià shǐ fēn yǐ gù chún pǔ bù
始疑矣；澶漫为乐[⑱]，摘僻为礼[⑲]，而天下始分矣。故纯朴不

---

①“此亦”句：这也是和治理天下的人犯一样的过错啊。过，过失。②意：想，认为。③常性：恒常的本性。④一而不党：纯一而无偏爱。党，偏私。⑤天放：顺应本性，放任自乐。⑥至德之世：道德最高尚的理想社会。⑦填填：端庄、稳重的样子。⑧颠颠：质朴专一的样子。⑨蹊：小路。隧：隧道。⑩连属：混合，相连。⑪遂长：成长。⑫系羁：用绳子牵引。⑬窥：张望。⑭族：聚在一起。⑮离：违反，丧失。⑯蹩躠：跛脚走路摇晃的样子。⑰踶跂：用尽心力，勉强力行的样子。⑱澶漫：散漫，无节制。⑲摘僻：繁杂琐碎。

cán shú wéi xī zūn bái yù bù huǐ shú wéi guī zhāng dào dé bù fèi ān qǔ
残[1]，孰为牺樽[2]！白玉不毁，孰为珪璋！道德不废，安取

rén yì xìng qíng bù lí ān yòng lǐ yuè wǔ sè bù luàn shú wéi wén cǎi wǔ
仁义[3]！性情不离，安用礼乐！五色不乱，孰为文采！五

shēng bù luàn shú yìng liù lǜ fú cán pǔ yǐ wéi qì gōng jiàng zhī zuì yě huǐ dào dé
声不乱，孰应六律[4]！夫残朴以为器，工匠之罪也；毁道德

yǐ wéi rén yì shèng rén zhī guò yě
以为仁义，圣人之过也。

fú mǎ lù jū zé shí cǎo yǐn shuǐ xǐ zé jiāo jǐng xiāng mó nù zé fēn bèi
3. 夫马，陆居则食草饮水，喜则交颈相靡[5]，怒则分背

xiāng dì mǎ zhī yǐ cǐ yǐ fú jiā zhī yǐ héng è qí zhī yǐ yuè tí ér
相踶[6]。马知已此矣。夫加之以衡扼[7]，齐之以月题[8]，而

mǎ zhī jiè ní yīn è zhì màn guǐ xián qiè pèi gù mǎ zhī zhì ér tài zhì dào
马知介倪、闉扼、鸷曼、诡衔、窃辔[9]。故马之知而态至盗

zhě bó lè zhī zuì yě
者[10]，伯乐之罪也。

fú hè xū shì zhī shí mín jū bù zhī suǒ wéi xíng bù zhī suǒ zhī hán bǔ ér
夫赫胥氏之时[11]，民居不知所为，行不知所之，含哺而

xī gǔ fù ér yóu mín néng yǐ cǐ yǐ jí zhì shèng rén qū zhé lǐ yuè yǐ kuāng
熙，鼓腹而游[12]，民能以此矣。及至圣人，屈折礼乐以匡

---

①纯朴：没有加工的原木。残：雕刻，分割。 ②牺樽：木质的酒器。 ③"白玉"句：洁白的玉如果不破开加以雕琢，怎么能制造出珪璋；道德不被废弛的话，怎么会有仁义呢。珪、璋，都是名贵的玉器。珪是上圆下方，是古代君臣在举行典礼时拿的一种玉器。璋，形状为纵剖开的半个珪。道德，自然之道。 ④"五色"句：为了画成色彩斑斓的图画，必须将五色调配相混；为了谱成合乎六律的乐曲，必须将五声错乱搭和，这其实是破坏了自然的声色的。乱，破坏。文采，图案、花纹。 ⑤靡：通"磨"，摩挲。 ⑥踶：指马发怒时用后蹄相踢。 ⑦衡：车辕前的横木。扼：通"轭"，驾车时套在牲口脖子上的曲木。 ⑧齐：装饰。月题：马额上的佩饰，其形似月。 ⑨介倪：马侧立在两輗之间，不服驾驶。倪，通"輗"，指古代大车车辕前端与车衡相衔接的部分。闉扼：闉，曲。扼，通"轭"。指马曲着脖子想要摆脱束缚的样子。鸷曼：抗击车盖。诡衔：马诡诈地吐掉咬在嘴里的嚼子。窃辔：偷偷地咬坏缰绳。 ⑩知：通"智"。 ⑪赫胥氏：上古帝王。 ⑫"含哺"句：口中含着食物相互嬉戏，鼓着吃饱的肚子到处游玩。哺，口中含着食物。熙，通"嬉"，玩乐。鼓腹，吃得饱饱的样子。

tiān xià zhī xíng　xuán qǐ rén yì yǐ wèi tiān xià zhī xīn　ér mín nǎi shǐ zhì zhì hào
天下之形[1]，县跂仁义以慰天下之心[2]，而民乃始踶跂好

zhì　zhēng guī yú lì　bù kě zhǐ yě　cǐ yì shèng rén zhī guò yě
知[3]，争归于利，不可止也。此亦圣人之过也。

---

①匡：正。 ②县跂：高举，提倡。县，通“悬”。跂通“企”，踮起脚跟。 ③好知：推崇才智。知通“智”。

qū qiè

胠箧

（节选）

fú gǔ xū ér chuān jié　qiū yí ér yuān shí　shèng rén yǐ sǐ　zé dà dào
夫谷虚而川竭①，丘夷而渊实②。圣人已死，则大盗
bù qǐ　tiān xià píng ér wú gù yǐ　shèng rén bù sǐ　dà dào bù zhǐ　suī zhòng shèng
不起，天下平而无故矣③。圣人不死，大盗不止。虽重圣
rén ér zhì tiān xià　zé shì zhòng lì dào zhí yě　wéi zhī dǒu hú yǐ liáng zhī　zé bìng
人而治天下，则是重利盗跖也④。为之斗斛以量之⑤，则并
yǔ dǒu hú ér qiè zhī　wéi zhī quán héng yǐ chēng zhī　zé bìng yǔ quán héng ér qiè zhī
与斗斛而窃之；为之权衡以称之⑥，则并与权衡而窃之；
wéi zhī fú xǐ yǐ xìn zhī　zé bìng yǔ fú xǐ ér qiè zhī　wéi zhī rén yì yǐ jiǎo zhī
为之符玺以信之⑦，则并与符玺而窃之；为之仁义以矫之⑧，
zé bìng yǔ rén yì ér qiè zhī　hé yǐ zhī qí rán yé　bǐ qiè gōu zhě zhū　qiè guó
则并与仁义而窃之。何以知其然邪？彼窃钩者诛⑨，窃国
zhě wéi zhū hóu　zhū hóu zhī mén ér rén yì cún yān　zé shì fēi qiè rén yì shèng zhì yé
者为诸侯，诸侯之门而仁义存焉，则是非窃仁义圣知邪？
gù zhú yú dà dào　jiē zhū hóu　qiè rén yì bìng dǒu hú quán héng fú xǐ zhī lì zhě
故逐于大盗⑩，揭诸侯⑪，窃仁义并斗斛权衡符玺之利者，

---

①谷虚而川竭：众山谷的水都空虚了，川水也就干涸了。谷，两山间的流水通道。川，两山间的流水。②丘夷而渊实：如果山丘被铲为平地了，那么深渊也就会填平了。夷，平。实，满。③平：太平。故：事。④重利：增益利益。⑤斛：中国旧量器名，亦是容量单位，一斛本为十斗，后来改为五斗。⑥权：秤锤。衡：秤杆。⑦符：古代朝廷传达命令或调兵将用的凭证，双方各执一半，以验真假。玺：印，秦以后专指皇帝的印。⑧矫：正。⑨钩：衣带钩，指不值钱的小东西。⑩逐：追随。⑪揭：高举、标榜。

suī yǒu xuān miǎn zhī shǎng fú néng quàn fǔ yuè zhī wēi fú néng jìn cǐ zhòng lì dào
虽有轩冕之赏弗能劝[1]，斧钺之威弗能禁[2]。此重利盗

zhí ér shǐ bù kě jìn zhě shì nǎi shèng rén zhī guò yě
跖而使不可禁者，是乃圣人之过也。

①轩冕：高车冠冕，指代官爵。轩，古代大夫以上的官员乘的车，一般都比较高大。冕，古代大夫以上的官员戴的礼帽。劝：鼓励。这句话意思是，即使用赏赐官爵的办法也不能劝阻他们（那些大盗）不要这么干。②钺：古代兵器，青铜制，像斧，比斧大，圆刃可砍劈，中国商及西周盛行。又有玉石制的，供礼仪、殡葬用。

zài yòu

在宥

（节选）

yún jiāng dōng yóu guò fú yáo zhī zhī ér shì zāo hóng méng hóng méng fāng jiāng
1. 云将东游①，过扶摇之枝而适遭鸿蒙②。鸿蒙方将

fǔ bì què yuè ér yóu yún jiāng jiàn zhī tǎng rán zhǐ zhì rán lì yuē sǒu hé
拊脾雀跃而游③。云将见之，倘然止④，贽然立⑤，曰：“叟何

rén yé sǒu hé wèi cǐ hóng méng fǔ bì què yuè bù chuò duì yún jiāng yuē
人邪⑥？叟何为此？”鸿蒙拊脾雀跃不辍⑦，对云将曰：

yóu yún jiāng yuē zhèn yuàn yǒu wèn yě hóng méng yǎng ér shì yún jiāng yuē
“游！”云将曰：“朕愿有问也⑧。”鸿蒙仰而视云将曰：

xū yún jiāng yuē tiān qì bù hé dì qì yù jié liù qì bù tiáo sì shí bù
“吁！”云将曰：“天气不和，地气郁结，六气不调⑨，四时不

jié jīn wǒ yuàn hé liù qì zhī jīng yǐ yù qún shēng wéi zhī nài hé hóng méng fǔ bì
节⑩。今我愿合六气之精以育群生，为之奈何？”鸿蒙拊脾

què yuè diào tóu yuē wú fú zhī wú fú zhī yún jiāng bù dé wèn yòu sān nián dōng
雀跃掉头曰⑪：“吾弗知！吾弗知！”云将不得问。又三年，东

yóu guò yǒu sòng zhī yě ér shì zāo hóng méng yún jiāng dà xǐ xíng qū ér jìn yuē tiān
游，过有宋之野而适遭鸿蒙。云将大喜，行趋而进曰：“天

wàng zhèn yé tiān wàng zhèn yé zài bài qǐ shǒu yuàn wén yú hóng méng hóng méng yuē
忘朕邪⑫？天忘朕邪？”再拜稽首，愿闻于鸿蒙。鸿蒙曰：

---

①云将、鸿蒙：都是虚构的名字。②扶摇：神木。③方将：正要。拊脾：拍着大腿。脾通“髀”，大腿。雀跃：像小雀一样跳跃。④倘然：惊疑的样子。⑤贽然：站立不动的样子。⑥叟：对长者的称呼。⑦辍：停止。⑧朕：我。⑨六气：阴、阳、风、雨、晦、明。⑩不节：节令不正常。⑪掉头：摇头。⑫天：对鸿蒙的尊称。

fú yóu bù zhī suǒ qiú chāng kuáng bù zhī suǒ wǎng yóu zhū yāng zhǎng yǐ guān wú
“浮游，不知所求；猖狂[1]，不知所往；游者鞅掌[2]，以观无

wàng zhèn yòu hé zhī yún jiāng yuē zhèn yě zì yǐ wéi chāng kuáng ér mín suí yú
妄[3]。朕又何知！”云将曰：“朕也自以为猖狂，而民随予

suǒ wǎng zhèn yě bù dé yǐ yú mín jīn zé mín zhī fǎng yě yuàn wén yī yán hóng
所往；朕也不得已于民，今则民之放也[4]。愿闻一言。”鸿

méng yuē luàn tiān zhī jīng nì wù zhī qíng xuán tiān fú chéng jiě shòu zhī qún ér
蒙曰：“乱天之经[5]，逆物之情[6]，玄天弗成[7]；解兽之群[8]，而

niǎo jiē yè míng zāi jí cǎo mù huò jí zhǐ chóng yī zhì rén zhī guò yě yún jiāng
鸟皆夜鸣；灾及草木，祸及止虫[9]。噫，治人之过也！”云将

yuē rán zé wú nài hé hóng méng yuē yī dú zāi xiān xiān hū guī yǐ yún
曰：“然则吾奈何？”鸿蒙曰：“噫，毒哉！仙仙乎归矣[10]。”云

jiāng yuē wú yù tiān nán yuàn wén yī yán hóng méng yuē yī xīn yǎng rǔ tú
将曰：“吾遇天难，愿闻一言。”鸿蒙曰：“噫！心养[11]。汝徒

chǔ wú wéi ér wù zì huà huī ěr xíng tǐ chù ěr cōng míng lún yǔ wù wàng
处无为[12]，而物自化。堕尔形体[13]，黜尔聪明[14]，伦与物忘；

dà tóng hū xìng míng jiě xīn shì shén mò rán wú hún wàn wù yún yún gè fù qí
大同乎涬溟[15]，解心释神，莫然无魂[16]。万物云云[17]，各复其

gēn gè fù qí gēn ér bù zhī hún hún dùn dùn zhōng shēn bù lí ruò bǐ zhī zhī nǎi shì
根，各复其根而不知；浑浑沌沌[18]，终身不离；若彼知之，乃是

lí zhī wú wèn qí míng wú kuī qí qíng wù gù zì shēng yún jiāng yuē tiān jiàng zhèn yǐ
离之。无问其名，无窥其情，物固自生。”云将曰：“天降朕以

dé shì zhèn yǐ mò gōng shēn qiú zhī nǎi jīn yě dé zài bài qǐ shǒu qǐ cí ér xíng
德，示朕以默；躬身求之，乃今也得。”再拜稽首，起辞而行。

---

①猖狂：随心所欲，无所束缚的状态。②者：通“诸”，之于。鞅掌：众多。③无妄：真实，指万物的本来面目。④“朕也”句：我自认为随心所欲，但民众跟随着我；我不得已接触他们，现在却被他们所效仿。放通“仿”，效仿。⑤经：常。⑥逆：违反。⑦玄天弗成：自然的状态不能保全。⑧解：散。⑨止虫：昆虫。⑩仙仙：轻飘飘的样子。⑪心养：加强内心的修养。⑫徒：只要。⑬堕：废弃。⑭黜：除去。⑮涬溟：自然之气。⑯莫然：茫然。⑰云云：众多的样子。⑱浑浑沌沌：真朴自然的状态。

tiān dì

天地

(节选)

yáo zhī shī yuē xǔ yóu xǔ yóu zhī shī yuē niè quē niè quē zhī shī yuē wáng
1. 尧之师曰许由,许由之师曰啮缺,啮缺之师曰王

ní wáng ní zhī shī yuē pī yī yáo wèn yú xǔ yóu yuē niè quē kě yǐ pèi tiān
倪,王倪之师曰被衣[①]。尧问于许由曰:“啮缺可以配天

hū wú jiè wáng ní yǐ yāo zhī xǔ yóu yuē dài zāi jí hū tiān xià niè
乎[②]?吾藉王倪以要之[③]。”许由曰:“殆哉圾乎天下[④]!啮

quē zhī wéi rén yě cōng míng ruì zhì jǐ shuò yǐ mǐn qí xìng guò rén ér yòu nǎi yǐ
缺之为人也,聪明睿知[⑤],给数以敏[⑥],其性过人,而又乃以

rén shòu tiān bǐ shěn hū jìn guò ér bù zhī guò zhī suǒ yóu shēng yǔ zhī pèi tiān
人受天[⑦]。彼审乎禁过[⑧],而不知过之所由生[⑨]。与之配天

hū bǐ qiě chéng rén ér wú tiān fāng qiě běn shēn ér yì xíng fāng qiě zūn zhì ér huǒ
乎?彼且乘人而无天[⑩],方且本身而异形[⑪],方且尊知而火

chí fāng qiě wéi xù shǐ fāng qiě wéi wù gāi fāng qiě sì gù ér wù yìng fāng qiě
驰[⑫],方且为绪使[⑬],方且为物絯[⑭],方且四顾而物应[⑮],方且

---

①许由:尧时的隐士。啮缺、王倪、被衣:都是求道之士。这些人名都是庄子杜撰的。 ②配天:为天子。配,符合。 ③藉:借助,通过。要:通“邀”。尧想把帝位传给啮缺,所以说要通过其师王倪邀请他。 ④殆:危险。圾:通“岌”,危险的样子。 ⑤睿知:英明而有远见。知同“智”。 ⑥给数以敏:动作迅速敏捷。给,敏捷。数,速度很快。 ⑦乃:且,将要。以人受天:把人的才智强加于自然。受,通“授”,强加于。 ⑧彼审乎禁过:他明察于制止别人的过错。审,精审,明察。禁过,制止过错。 ⑨所由生:产生的原因。 ⑩且:将要。乘人而无天:凭借着人的智慧而无视自然的本性。乘,依凭。 ⑪方且:正将。本身:本于自身,以自身为根本。异形:形迹与他人不同。 ⑫尊知:崇尚智慧。火驰:像火一样迅速蔓延。 ⑬为绪使:被细小的事情所役使。绪,细小。 ⑭为物絯:为外物多制约。絯,拘束,束缚。 ⑮四顾:四方顾盼,应接不暇的样子。物应:与万物应接酬答。

yìng zhòng yí fāng qiě yǔ wù huà ér wèi shǐ yǒu héng fú hé zú yǐ pèi tiān hū
应众宜[1]，方且与物化而未始有恒[2]。夫何足以配天乎？

suī rán yǒu zú yǒu zǔ kě yǐ wéi zhòng fù ér bù kě yǐ wéi zhòng fù fù
虽然，有族，有祖，可以为众父，而不可以为众父父[3]。

zhì luàn zhī shuài yě běi miàn zhī huò yě nán miàn zhī zéi yě
治[4]，乱之率也[5]，北面之祸也[6]，南面之贼也[7]。”

yáo guān hū huà huà fēng rén yuē xī shèng rén qǐng zhù shèng rén
2. 尧观乎华[8]。华封人曰[9]：“嘻，圣人，请祝圣人[10]。”

shǐ shèng rén shòu yáo yuē cí shǐ shèng rén fù yáo yuē cí shǐ
“使圣人寿[11]。”尧曰：“辞[12]。”“使圣人富。”尧曰：“辞。”“使

shèng rén duō nán zǐ yáo yuē cí fēng rén yuē shòu fù duō nán zǐ rén zhī
圣人多男子。”尧曰：“辞。”封人曰：“寿、富、多男子，人之

suǒ yù yě rǔ dú bù yù hé yé yáo yuē duō nán zǐ zé duō jù fù zé duō
所欲也，女独不欲[13]，何邪？”尧曰：“多男子则多惧，富则多

shì shòu zé duō rǔ shì sān zhě fēi suǒ yǐ yǎng dé yě gù cí fēng rén yuē
事，寿则多辱[14]。是三者，非所以养德也[15]，故辞。”封人曰：

shǐ yě wǒ yǐ rǔ wéi shèng rén yé jīn rán jūn zǐ yě tiān shēng wàn mín bì shòu
“始也我以女为圣人邪，今然君子也[16]。天生万民，必授

zhī zhí duō nán zǐ ér shòu zhī zhí zé hé jù zhī yǒu fù ér shǐ rén fēn zhī zé
之职[17]，多男子而授之职，则何惧之有[18]？富而使人分之，则

①应众宜：投合众人的需要。 ②与物化：随着外物变化。未始有恒：不曾有持久的信念。 ③“有族”句：他有群族众属，又有祖宗先帝，可以做群族的长官，却不能做帝王。族，群族。祖，祖宗。众父，群族的长官。众父父，群族长官的长官，即帝王。 ④治：是说如果啮缺治理天下，就会产生下面三种结果。 ⑤乱之率也：是社会混乱产生的根本。率，因由，根本。 ⑥北面之祸也：是人臣的祸害。北面，古代臣见君面向北拜礼，所以用“北面”指臣子。 ⑦南面之贼也：是君主的祸害。古代帝王的座位朝南，所以用“南面”指君主。 ⑧观：视察。华：华州，地名，在今陕西华县。 ⑨封人：戍守边疆的人。 ⑩祝：祝祷。 ⑪使：祈使。 ⑫辞：推辞，不接受。 ⑬女：同“汝”。 ⑭“多男子”句：多一个男孩就多一份恐惧，多一分富贵就多一些俗事，多一天寿享就多一种困辱。 ⑮养德：培养德行，指培养无为的道德。 ⑯然：只不过，表示转折。 ⑰职：职务。 ⑱“多男子”句：多男孩就容易产生纷争，所以多惧。而都授以职务，还有什么担心的呢！

hé shì zhī yǒu fú shèng rén chún jū ér kòu shí niǎo xíng ér wú zhāng tiān xià yǒu
何事之有[1]！夫圣人，鹑居而鷇食[2]，鸟行而无彰[3]，天下有

dào zé yǔ wù jiē chāng tiān xià wú dào zé xiū dé jiù xián qiān suì yàn shì qù
道，则与物皆昌[4]；天下无道，则修德就闲[5]；千岁厌世，去

ér shàng xiān chéng bǐ bái yún zhì yú dì xiāng sān huàn mò zhì shēn cháng wú
而上仙[6]；乘彼白云[7]，至于帝乡[8]；三患莫至[9]，身常无

yāng zé hé rǔ zhī yǒu fēng rén qù zhī yáo suí zhī yuē qǐng wèn fēng rén
殃[10]，则何辱之有！”封人去之[11]。尧随之，曰：“请问[12]？”封人

yuē tuì yǐ
曰：“退已[13]！”

yáo zhì tiān xià bó chéng zǐ gāo lì wéi zhū hóu yáo shòu shùn shùn shòu
3\. 尧治天下，伯成子高立为诸侯[14]。尧授舜[15]，舜授

yǔ bó chéng zǐ gāo cí wéi zhū hóu ér gēng yǔ wǎng jiàn zhī zé gēng zài yě yǔ
禹，伯成子高辞为诸侯而耕[16]。禹往见之，则耕在野。禹

qū jiù xià fēng lì ér wèn yān yuē xī yáo zhì tiān xià wú zǐ lì wéi zhū hóu
趋就下风[17]，立而问焉[18]，曰：“昔尧治天下，吾子立为诸侯[19]。

yáo shòu shùn shùn shòu yú ér wú zǐ cí wéi zhū hóu ér gēng gǎn wèn qí gù hé yě
尧授舜，舜授予，而吾子辞为诸侯而耕，敢问，其故何也？”

zǐ gāo yuē xī yáo zhì tiān xià bù shǎng ér mín quàn bù fá ér mín wèi jīn zǐ
子高曰：“昔尧治天下，不赏而民劝[20]，不罚而民畏[21]。今子

---

①“富而”句：多富贵既要多张罗又要多设防，所以多事。但如果不在意财富而分给众人，还会有什么事呢！ ②鹑：鹌鹑。鷇：初生的小鸟。 ③鸟行而无彰：形容圣人衣食住行，都如鸟兽一样，自然而动。无彰，不留痕迹。 ④与物皆昌：与众人一起发展。昌，繁荣，兴盛。 ⑤修德：自我修养道德。就闲：闲居。 ⑥厌世：享满人寿，指一生已尽。去：离开，指离开人世。上仙：登仙。 ⑦乘：驾。 ⑧帝乡：天帝之乡，指天帝居住的地方。 ⑨三患：三种忧虑，即上文所说的多惧、多事、多辱。 ⑩常：经常，总是。殃：灾祸。 ⑪去之：离开他。 ⑫请问：尧有所领悟，想进一步请教。 ⑬退已：回去吧！道理已经说清，没有必要再进行解释，关键还是自己的体悟，所以封人这样说。 ⑭伯成子高：人名，也是作者杜撰的人物。 ⑮授：指传授天子之位。 ⑯辞为诸侯：推辞做诸侯。耕：耕田。 ⑰趋：快步走。“趋”本来是古代臣见君时的一种礼节性走路方式。下风：下方，俯身低下的样子。 ⑱立而问：站在那里问道。表示恭敬，有讪讪的意思。 ⑲吾子：我的先生，您。 ⑳赏：奖赏。劝：努力，奋勉。 ㉑畏：畏惧，不敢做坏事。

shǎng fá ér mín qiě bù rén dé zì cǐ shuāi xíng zì cǐ lì hòu shì zhī luàn zì cǐ
赏罚而民且不仁[1]，德自此衰[2]，刑自此立[3]，后世之乱自此

shǐ yǐ fū zǐ hé xíng yé wú luò wú shì yì yì hū gēng ér bù gù
始矣。夫子阖行邪[4]？无落吾事[5]！”俋俋乎耕而不顾[6]。

zhūn máng jiāng dōng zhī dà hè shì yù yuàn fēng yú dōng hǎi zhī bīn yuàn
4. 谆芒将东之大壑[7]，适遇苑风于东海之滨[8]。苑

fēng yuē zǐ jiāng xī zhī yuē jiāng zhī dà hè yuē xī wéi yān yuē
风曰：“子将奚之[9]？”曰：“将之大壑。”曰：“奚为焉[10]？”曰：

fú dà hè zhī wéi wù yě zhù yān ér bù mǎn zhuó yān ér bù jié wú jiāng yóu
“夫大壑之为物也，注焉而不满[11]，酌焉而不竭[12]，吾将游

yān yuàn fēng yuē fū zǐ wú yì yú héng mù zhī mín hū yuàn wén shèng zhì
焉。”苑风曰：“夫子无意于横目之民乎[13]？愿闻圣治[14]。”

zhūn máng yuē shèng zhì hū guān shī ér bù shī qí yí bá jǔ ér bù shī qí
谆芒曰：“圣治乎？官施而不失其宜[15]，拔举而不失其

néng bì jiàn qíng shì ér xíng qí suǒ wéi xíng yán zì wéi ér tiān xià huà shǒu náo gù
能[16]，毕见情事而行其所为[17]，行言自为而天下化[18]，手挠顾

zhǐ sì fāng zhī mín mò bù jù zhì cǐ zhī wèi shèng zhì yuàn wén dé rén yuē
指，四方之民莫不俱至[19]，此之谓圣治。”“愿闻德人[20]。”曰：

dé rén zhě jū wú sī xíng wú lǜ bù cáng shì fēi měi è sì hǎi zhī nèi gòng lì
“德人者，居无思，行无虑，不藏是非美恶[21]。四海之内共利

①“今子”句：现在您实行赏罚，但百姓将不再良善。不仁，不良善。 ②德自此衰：道德从此以后便衰落下去。③刑：刑罚。立：建立。 ④夫子阖行邪：您怎么还不走啊？阖，何不。 ⑤无落吾事：不要耽误我的事！落，荒废，耽误。 ⑥俋俋：专心的样子。不顾：指不再理睬禹。 ⑦谆芒：与下面的“苑风”都是虚构的人物。东：向东。之：到。大壑：海。 ⑧适遇：恰逢。滨：海边。 ⑨奚之：到哪里去？ ⑩奚为：为什么？ ⑪注：灌注。 ⑫酌：取。竭：干涸。 ⑬横目之民：指人。因为人的眼睛是横生在脸上的。 ⑭圣治：圣人治国的道理，这是道家的“圣人”。 ⑮官施：政令的下达。宜：合于时宜。 ⑯拔举：选拔人才。不失其能：指考虑和发挥个人的才能。 ⑰毕见：全部看清。行其所为：指根据情事而做自己应该做的。 ⑱“行言”句：他的言行都是自然而然发出来的，而天下却随之受到了感化。 ⑲“手挠”句：挥手顾盼之间，四方的百姓就都被他吸引来了。手挠，挥手指示。顾指，举目顾盼。俱，全，都。 ⑳愿闻德人：希望再听听您关于道德之人的高见。 ㉑“德人者”句：道德之人就是那种居处不多思、行动不多虑、心中不怀有是非善恶的人。藏，隐藏。

zhī zhī wèi yuè gòng jǐ zhī zhī wéi ān chāo hū ruò yīng ér zhī shī qí mǔ yě tǎng hū

之之谓悦[1]，共给之之为安[2]；怊乎若婴儿之失其母也，傥乎

ruò xíng ér shī qí dào yě cái yòng yǒu yú ér bù zhī qí suǒ zì lái yǐn shí qǔ zú

若行而失其道也[3]。财用有余而不知其所自来，饮食取足

ér bù zhī qí suǒ cóng cǐ wèi dé rén zhī róng yuàn wén shén rén yuē shàng

而不知其所从[4]，此谓德人之容[5]。”“愿闻神人。”曰：“上

shén chéng guāng yǔ xíng miè wáng cǐ wèi zhào kuàng zhì mìng jìn qíng tiān dì lè

神乘光[6]，与形灭亡[7]，此谓照旷[8]。致命尽情[9]，天地乐

ér wàn shì xiāo wáng wàn wù fù qíng cǐ zhī wèi hùn míng

而万事销亡[10]，万物复情[11]，此之谓混冥[12]。”

---

①共利之：共同享用一切利益财富。悦：愉悦。 ②共给之：意思与“共利之”相同。安：安乐。 ③怊乎、傥乎：均为惆怅的样子。 ④所自来、所从：自何而来，从何而至。 ⑤容：容态，情状。 ⑥上神乘光：精神放射着光芒。 ⑦与形灭亡：最终与形体归于灭亡。 ⑧照旷：清明空旷。 ⑨致命尽情：交付生命，耗尽性情，指死。 ⑩天地乐：与天地同乐。万事销亡：与万物一样消亡。万事，万物。 ⑪万物复情：万物便又恢复本原的状态。情，本性，指未生的本原状态。 ⑫混冥：幽暗的样子。

tiān dào

天道

（节选）

xī zhě shùn wèn yú yáo yuē tiān wáng zhī yòng xīn hé rú yáo yuē wú

1. 昔者舜问于尧曰:“天王之用心何如[①]?”尧曰:“吾

bù ào wú gào bù fèi qióng mín kǔ sǐ zhě jiā rú zǐ ér āi fù rén cǐ

不敖无告[②],不废穷民[③],苦死者[④],嘉孺子而哀妇人[⑤]。此

wú suǒ yǐ yòng xīn yǐ shùn yuē měi zé měi yǐ ér wèi dà yě yáo yuē rán

吾所以用心已。”舜曰:“美则美矣[⑥],而未大也[⑦]。”尧曰:“然

zé hé rú shùn yuē tiān dé ér chū níng rì yuè zhào ér sì shí xíng ruò zhòu yè

则何如?”舜曰:“天德而出宁[⑧],日月照而四时行,若昼夜

zhī yǒu jīng yún xíng ér yǔ shī yǐ yáo yuē jiāo jiāo rǎo rǎo hū zǐ tiān zhī

之有经[⑨],云行而雨施矣[⑩]。”尧曰:“胶胶扰扰乎[⑪]! 子,天之

hé yě wǒ rén zhī hé yě fú tiān dì zhě gǔ zhī suǒ dà yě ér huáng dì

合也[⑫];我,人之合也[⑬]。”夫天地者,古之所大也[⑭],而黄帝

yáo shùn zhī suǒ gòng měi yě gù gǔ zhī wàng tiān xià zhě xī wéi zāi tiān dì ér

尧舜之所共美也[⑮]。故古之王天下者[⑯],奚为哉? 天地而

yǐ yǐ

已矣[⑰]。

①天王:天子。 ②敖:通“傲”,傲慢,侮慢。无告:指无所依靠的人。 ③废:抛弃。穷民:贫困的人。 ④苦死者:悲悯死去的人。 ⑤嘉:亲善,喜欢。孺子:小孩。哀:哀怜。 ⑥美:好。 ⑦大:完善。 ⑧天德而出宁:天德运行则万物和宁。天德,天的本性,指顺应自然规律。而,则。出,显现。 ⑨经:规律。 ⑩行:浮动。施:降落。 ⑪胶胶扰扰:心绪烦乱的样子。尧听了舜的解释,感到过去的用心不过是一种人事的牵累,所以心绪烦乱,并有下面的感叹。 ⑫天之合:与天道相契合,指能够顺应自然。 ⑬人之合:追求在人事上相协调。 ⑭大:尊崇。 ⑮共美:共同赞美。 ⑯王:称王。 ⑰天地而已矣:就像天地一样无为吧!

huán gōng dú shū yú táng shàng lún biǎn zhuó lún yú táng xià shì chuí záo ér

2. 桓公读书于堂上[1]，轮扁斲轮于堂下[2]，释椎凿而

shàng wèn huán gōng yuē gǎn wèn gōng zhī suǒ dú zhě hé yán yé gōng yuē shèng

上[3]，问桓公曰："敢问，公之所读者何言邪[4]？"公曰："圣

rén zhī yán yě yuē shèng rén zài hū gōng yuē yǐ sǐ yǐ yuē rán zé jūn

人之言也。"曰："圣人在乎？"公曰："已死矣。"曰："然则君

zhī suǒ dú zhě gǔ rén zhī zāo pò yǐ fú huán gōng yuē guǎ rén dú shū lún rén

之所读者，古人之糟魄已夫[5]！"桓公曰："寡人读书，轮人

ān dé yì hū yǒu shuō zé kě wú shuō zé sǐ lún biǎn yuē chén yě yǐ chén zhī

安得议乎[6]！有说则可[7]，无说则死。"轮扁曰："臣也以臣之

shì guān zhī zhuó lún xú zé gān ér bù gù jí zé kǔ ér bù rù bù xú bù

事观之[8]。斲轮，徐则甘而不固，疾则苦而不入[9]。不徐不

jí dé zhī yú shǒu ér yìng yú xīn kǒu bù néng yán yǒu shù cún yān yú qí jiān chén

疾[10]，得之于手而应于心，口不能言，有数存焉于其间[11]。臣

bù néng yǐ yù chén zhī zǐ chén zhī zǐ yì bù néng shòu zhī yú chén shì yǐ xíng nián qī shí

不能以喻臣之子，臣之子亦不能受之于臣，是以行年七十

ér lǎo zhuó lún gǔ zhī rén yǔ qí bù kě chuán yě sǐ yǐ rán zé jūn zhī suǒ dú

而老斲轮[12]。古之人与其不可传也死矣[13]，然则君之所读

zhě gǔ rén zhī zāo pò yǐ fú

者[14]，古人之糟魄已夫[15]！"

---

[1]桓公：齐桓公。堂上：堂内。 [2]轮扁：制造车轮的人，名扁。斲：砍削。堂下：堂外。 [3]释：放下。椎、凿：木匠用的工具。上：进入堂中。 [4]敢问：冒昧地问问。 [5]糟魄：即糟粕。废弃无用的东西。魄，"粕"的借字。 [6]安得议乎：怎么能够擅自议论呢！ [7]说：道理。 [8]臣也以臣之事观之：臣下就以臣下所从事的工作说说看法。 [9]"徐则"句：轮上的榫头做得宽了则松滑不牢靠，做得窄了则涩滞安不进去。徐，宽。甘，滑。疾，紧。苦，涩滞。 [10]不徐不疾：不松不紧，松紧适宜。 [11]数：分寸。 [12]"臣不能"句：我无法把这种经验与感受非常明白地告诉我儿子，我儿子也无法体验我的感受，学会我的技术，因此至今七十岁了仍然在制造车轮。喻，使之明白。 [13]"古之人"句：古代的人和那些不能够言传的精华，都一起死掉了。不可传，不能言传的。 [14]然则：这样看来，那么……。 [15]魄："粕"的借字。已夫：而已。

tiān yùn

天运

（节选）

shāng tài zǎi dàng wèn rén yú zhuāng zǐ zhuāng zǐ yuē hǔ láng rén yě
商大宰荡问仁于庄子[①]。庄子曰：“虎狼，仁也[②]。”

yuē hé wèi yě zhuāng zǐ yuē fù zǐ xiāng qīn hé wéi bù rén yuē qǐng
曰：“何谓也？”庄子曰：“父子相亲，何为不仁[③]？”曰：“请

wèn zhì rén zhuāng zǐ yuē zhì rén wú qīn tài zǎi yuē dàng wén zhī wú qīn
问至仁[④]。”庄子曰：“至仁无亲[⑤]。”大宰曰：“荡闻之，无亲

zé bù ài bù ài zé bù xiào wèi zhì rén bù xiào kě hū zhuāng zǐ yuē bù
则不爱，不爱则不孝。谓至仁不孝，可乎？”庄子曰：“不

rán fú zhì rén shàng yǐ xiào gù bù zú yǐ yán zhī cǐ fēi guò xiào zhī yán yě
然。夫至仁尚矣，孝固不足以言之[⑥]。此非过孝之言也，

bù jí xiào zhī yán yě fú nán xíng zhě zhì yú yǐng běi miàn ér bù jiàn míng shān
不及孝之言也[⑦]。夫南行者至于郢[⑧]，北面而不见冥山[⑨]，

shì hé yě zé qù zhī yuǎn yě gù yuē yǐ jìng xiào yì yǐ ài xiào nán yǐ
是何也？则去之远也[⑩]。故曰：以敬孝易[⑪]，以爱孝难[⑫]；以

ài xiào yì yǐ wàng qīn nán wàng qīn yì shǐ qīn wàng wǒ nán shǐ qīn wàng wǒ yì
爱孝易，以忘亲难[⑬]；忘亲易，使亲忘我难；使亲忘我易，

①商：宋国。因为宋国是商的后代，所以这样说。大宰：官名。荡：大宰的名。②“虎狼”句：虎狼就是仁。③“父子”句：虎狼也是父子相亲，为什么不能称仁！父子，指虎狼父子。④至仁：仁的最高境界。⑤亲：偏爱。⑥“孝固”句：孝本来就不足以说明仁的最高境界。⑦“此非”句：这说的不是至仁超过了孝，而是说它赶不上孝。⑧郢：战国时楚国都城。⑨北面而不见冥山：面朝北却看不见冥山。冥山，冥渺的山，是作者虚构的。⑩去：距离。⑪敬孝：因尊敬而孝顺，是表面顺服。⑫爱孝：因内心爱戴而孝顺，是发自内心。⑬亲：指父母。

jiān wàng tiān xià nán jiān wàng tiān xià yì shǐ tiān xià jiān wàng wǒ nán fú dé yí
兼忘天下难[①]；兼忘天下易，使天下兼忘我难[②]。夫德遗

yáo shùn ér bù wéi yě lì zé shī yú wàn shì tiān xià mò zhī yě qǐ zhí tài xī ér
尧舜而不为也[③]，利泽施于万世，天下莫知也，岂直太息而

yán rén xiào hū zāi fú xiào tì rén yì zhōng xìn zhēn lián cǐ jiē zì miǎn yǐ yì qí
言仁孝乎哉[④]！夫孝悌仁义，忠信贞廉，此皆自勉以役其

dé zhě yě bù zú duō yě gù yuē zhì guì guó jué bǐng yān zhì fù guó cái bǐng
德者也，不足多也[⑤]。故曰，至贵，国爵并焉[⑥]；至富，国财并

yān zhì xiǎn míng yù bǐng yān shì yǐ dào bù yú
焉[⑦]；至显，名誉并焉[⑧]。是以道不渝[⑨]。”

---

①兼忘天下：即忘记了我，也忘记了天下所有人，做到无亲无疏，无远无近。 ②忘我：指忘记自己。 ③遗：弃，忘。 ④直：但，只是。太息：叹息，表示忧愁。 ⑤勉：努力。役：劳役，拖累。多：赞颂。 ⑥“至贵”句：最高贵的，是放弃国君的爵位。国爵，君位。并，通“摒”，舍弃。 ⑦“至富”句：最富有的，是放弃全国的资财。 ⑧至显，名誉并焉：最荣耀的，是放弃所有的荣誉。 ⑨渝：改变、变化。

kè yì
刻意

（节选）

fú yǒu gān yuè zhī jiàn zhě　xiá ér cáng zhī　bù gǎn qīng yòng yě　bǎo zhī zhì
夫有干越之剑者[1]，柙而藏之[2]，不敢轻用也[3]，宝之至

yě　jīng shén sì dá bìng liú　wú suǒ bù jí　shàng jì yú tiān　xià pán yú
也[4]。精神四达并流[5]，无所不极[6]，上际于天[7]，下蟠于

dì　huà yù wàn wù　bù kě wéi xiàng　qí míng wéi tóng dì
地[8]，化育万物，不可为象[9]，其名为同帝[10]。

chún sù zhī dào　wéi shén shì shǒu　shǒu ér wù shī　yǔ shén wéi yī　yī zhī jīng
纯素之道，唯神是守[11]；守而勿失，与神为一[12]；一之精

tōng　hé yú tiān lún　yě yǔ yǒu zhī yuē　zhòng rén zhòng lì　lián shì zhòng míng　xián
通，合于天伦[13]。野语有之曰："众人重利，廉士重名，贤

rén shàng zhì　shèng rén guì jīng　gù sù yě zhě　wèi qí wú suǒ yǔ zá yě　chún yě
人尚志，圣人贵精[14]。"故素也者[15]，谓其无所与杂也；纯也

zhě　wèi qí bù kuī qí shén yě　néng tǐ chún sù　wèi zhī zhēn rén
者[16]，谓其不亏其神也。能体纯素，谓之真人。

---

①干：古代小国名，后来被吴国灭掉，这里代指吴国。吴越多出宝剑，据说吴国有溪，叫干溪；越国有山，叫若耶，都出产好铜，能够铸出名剑。②柙：通"匣"，用作动词，装在里面。③不敢：表示不舍得。④宝之至：视为珍宝。⑤四达并流：四通八达，无处不流。⑥极：尽。指到达尽头。⑦际：会合。⑧蟠：遍及。⑨不可为象：不能够捉摸它的形状。象：形状。⑩同帝：意思是功用同于天帝。⑪唯神是守：专心守护着自己的精神。⑫与神为一：道与精神凝合为一。⑬合于天伦：符合自然之理。⑭贵精：宝贵精神。⑮素：不含杂质。⑯纯：不损精神。

（节选）

qiū shuǐ shí zhì bǎi chuān guàn hé jīng liú zhī dà liǎng sì zhǔ yá zhī jiān
1. 秋水时至①，百川灌河②，泾流之大③，两涘渚崖之间

bù biàn niú mǎ yú shì yān hé bó xīn rán zì xǐ yǐ tiān xià zhī měi wéi jìn zài jǐ
不辩牛马④。于是焉河伯欣然自喜⑤，以天下之美为尽在己。

shùn liú ér dōng xíng zhì yú běi hǎi dōng miàn ér shì bù jiàn shuǐ duān yú shì yān
顺流而东行⑥，至于北海，东面而视，不见水端⑦，于是焉

hé bó shǐ xuán qí miàn mù wàng yáng xiàng ruò ér tàn yuē yě yǔ yǒu zhī yuē
河伯始旋其面目⑧，望洋向若而叹曰⑨："野语有之曰⑩：

wén dào bǎi yǐ wéi mò jǐ ruò zhě wǒ zhī wèi yě qiě fú wǒ cháng wén shǎo zhòng
'闻道百以为莫己若者⑪'，我之谓也⑫。且夫我尝闻少仲

ní zhī wén ér qīng bó yí zhī yì zhě shǐ wú fú xìn jīn wǒ dǔ zǐ zhī nán qióng
尼之闻而轻伯夷之义者⑬，始吾弗信；今我睹子之难穷

yě wú fēi zhì yú zǐ zhī mén zé dài yǐ wú cháng jiàn xiào yú dà fāng zhī jiā
也⑭，吾非至于子之门，则殆矣⑮，吾长见笑于大方之家⑯。"

---

①秋水：秋雨。时：应时令，按季节。②灌：注入。河：黄河。③泾流：水流。④两涘：河的两岸。涘：水边。渚崖：水洲岸边。辩：通"辨"，分辨。⑤焉：语助词。河伯：黄河之神。⑥东行：向东走。⑦东面：面朝东。端：边，尽头。⑧旋：转，转变。⑨望洋：仰视的样子。若：北海若，海神。⑩野语：俗语，谚语。⑪以为：认为。莫己若：莫若己，没有人比得上自己。⑫我之谓：谓我，说的是我。⑬尝闻：曾经听说。少仲尼之闻：以孔子的学识为少。闻，学问，学识。轻伯夷之义：以伯夷的义举为轻。伯夷：商代诸侯孤竹君的长子，因与弟弟叔齐互让君位，结果一起逃到周。武王伐纣时，伯夷、叔齐认为以臣伐君是不义的。商亡后，他们一起隐居在首阳山，不食周粟，饿死在那里。古代把他们当作义士的典型。⑭穷：穷尽。⑮殆：危险。⑯长：永远。见笑：被耻笑。大方之家：明白大道理的人。大方，大道。

běi hǎi ruò yuē　jǐng wā bù kě yǐ yù yú hǎi zhě　jū yú xū yě　xià chóng
北海若曰："井蛙不可以语于海者[1]，拘于虚也[2]；夏虫
bù kě yǐ yù yú bīng zhě　dǔ yú shí yě　qū shì bù kě yǐ yù yú dào zhě　shù
不可以语于冰者[3]，笃于时也[4]；曲士不可以语于道者[5]，束
yú jiào yě　jīn ěr chū yú yá sì　guān yú dà hǎi　nǎi zhī ěr chǒu　ěr jiāng kě
于教也[6]。今尔出于崖涘[7]，观于大海，乃知尔丑[8]，尔将可
yǔ yù dà lǐ yǐ　tiān xià zhī shuǐ　mò dà yú hǎi　wàn chuān guī zhī　bù zhī hé shí
与语大理矣[9]。天下之水，莫大于海，万川归之，不知何时
zhǐ ér bù yíng　wěi lǘ xiè zhī　bù zhī hé shí yǐ ér bù xū　chūn qiū bù biàn　shuǐ
止而不盈[10]，尾闾泄之[11]，不知何时已而不虚[12]；春秋不变，水
hàn bù zhī　cǐ qí guò jiāng hé zhī liú　bù kě wéi liáng shǔ　ér wú wèi cháng yǐ
旱不知[13]。此其过江河之流，不可为量数[14]。而吾未尝以
cǐ zì duō zhě　zì yǐ bǐ xíng yú tiān dì ér shòu qì yú yīn yáng　wú zài tiān dì zhī
此自多者[15]，自以比形于天地而受气于阴阳[16]，吾在天地之
jiān　yóu xiǎo shí xiǎo mù zhī zài dà shān yě　fāng cún hū jiàn shǎo　yòu xī yǐ zì duō
间，犹小石小木之在大山也[17]，方存乎见少，又奚以自多[18]！
jì sì hǎi zhī zài tiān dì zhī jiān yě　bù sì lěi kǒng zhī zài dà zé hū　jì zhōng
计四海之在天地之间也[19]，不似礨空之在大泽乎[20]？计中
guó zhī zài hǎi nèi　bù sì tí mǐ zhī zài dà cāng hū　hào wù zhī shù wèi zhī wàn
国之在海内[21]，不似稊米之在大仓乎[22]？号物之数谓之万[23]，
rén chǔ yī yān　rén cuì jiǔ zhōu　gǔ shí zhī suǒ shēng　zhōu chē zhī suǒ tōng　rén chǔ
人处一焉[24]；人卒九州[25]，谷食之所生，舟车之所通[26]，人处

---

①以：与。语：谈论。②拘于虚也：眼界收到居处的局限。拘，拘束，限制。虚，通"墟"，居住的地方。③夏虫：生存在夏天的昆虫。④笃：限制，局限。时：时令。⑤曲士：孤陋寡闻的人。⑥束：束缚。教：所受的教育。⑦崖涘：河岸边。⑧乃：才。丑：鄙陋。⑨大理：大道理。⑩盈：满。⑪尾闾：传说中排泄海水的地方。⑫已：停止。虚：虚空，指水尽。⑬"春秋"句：海水不因春秋季节的变化而增减，也不受水旱之灾的影响。⑭量数：计算，估量。⑮自多：自我夸耀。⑯比：通"庇"，寄托。⑰木：树。这句是比喻自己非常渺小。⑱"方存"句：正存有见识很少的想法，又怎能会自我夸耀呢！⑲计：算计，思考。⑳礨空：蚂蚁穴，小洞。大泽：旷野。㉑中国：中原地区。海内：四海之内。㉒稊米：细小的米粒。大仓：储粮的大仓库。㉓"号物"句：称呼世界上事物的数量叫做万（"万物"）。号：称呼。㉔人处一焉：人只是其中之一。㉕卒：通"萃"，聚集。九州：天下。㉖所通：所行之处。

yī yān　cǐ qí bǐ wàn wù yě　bù sì háo mò zhī zài yú mǎ tǐ hū　wǔ dì zhī

一焉[1]；此其比万物也，不似豪末之在于马体乎[2]？五帝之

suǒ yùn　sān wáng zhī suǒ zhēng　rén rén zhī suǒ yōu　rèn shì zhī suǒ láo　jìn cǐ

所运[3]，三王之所争[4]，仁人之所忧，任士之所劳[5]，尽此

yǐ　bó yí cí zhī yǐ wéi míng　zhòng ní yù zhī yǐ wéi bó　cǐ qí zì duō yě　bù

矣[6]。伯夷辞之以为名，仲尼语之以为博，此其自多也，不

sì ěr xiàng zhī zì duō yú shuǐ hū

似尔向之自多于水乎？”

zhuāng zǐ diào yú pú shuǐ　chǔ wáng shǐ dà fū èr rén wǎng xiān yān　yuē

2. 庄子钓于濮水[7]，楚王使大夫二人往先焉[8]，曰：

yuàn yǐ jìng nèi lèi yǐ

“愿以境内累矣[9]！”

zhuāng zǐ chí gān bù gù　yuē　wú wén chǔ yǒu shén guī　sǐ yǐ sān qiān suì yǐ

庄子持竿不顾[10]，曰：“吾闻楚有神龟，死已三千岁矣，

wáng yǐ jīn sì ér cáng zhī miào táng zhī shàng　cǐ guī zhě　nìng qí sǐ wèi liú gǔ ér

王以巾笥而藏之庙堂之上[11]。此龟者，宁其死为留骨而

guì hū　nìng qí shēng ér yè wěi yú tú zhōng hū　èr dà fū yuē　nìng shēng ér

贵乎[12]？宁其生而曳尾于涂中乎[13]？”二大夫曰：“宁生而

yè wěi tú zhōng　zhuāng zǐ yuē　wǎng yǐ　wú jiāng yè wěi yú tú zhōng

曳尾涂中。”庄子曰：“往矣[14]！吾将曳尾于涂中[15]。”

huì zǐ xiàng liáng　zhuāng zǐ wǎng jiàn zhī　huò wèi huì zǐ yuē　zhuāng

3. 惠子相梁[16]，庄子往见之。或谓惠子曰[17]：“庄

---

①人处一焉：个人只是其中的一份子。前面是强调人与其他物类，这里是强调个人与整个人类。②豪末：毫毛的末梢，代指毛。豪，通“毫”。③五帝：指皇帝、颛顼（zhuān xū）、帝喾（kù）、尧、舜。运：运筹。④三王：夏启、商汤、周武王。所争：所争夺的天下。⑤任士：以天下为己任的贤能之士。⑥尽此矣：全在这里了。此，指“豪末之在于马体”。⑦濮水：水名，在今山东濮县。⑧楚王：指楚威王。使：派遣。先：先去传达楚王的意旨。⑨愿以境内累矣：我们大王希望能够把全国的事物让你受累管理。这是外交辞令，意思是希望庄子为相。境内，国境之内。累，使受累，麻烦。⑩顾：回头看。⑪巾笥：布巾竹箱，这里指用布巾覆盖、竹箱盛装。龟壳用来占卜，代替神灵决断，所以称它为神龟，还要放在庙堂之上。⑫宁：宁肯。为：为了。留骨而贵：留下龟壳而被人珍重。⑬曳：拖着。涂：污泥。⑭往矣：去吧。⑮“吾将”句：表示庄子宁愿过着穷困却自由的生活，也不愿去楚国主持朝中大事。⑯惠子：惠施。相：做国相。梁：魏都大梁。⑰或：有人。

zǐ lái yù dài zǐ xiàng yú shì huì zǐ kǒng sōu yú guó zhōng sān rì sān yè
子来，欲代子相。”于是惠子恐，搜于国中三日三夜[1]。

zhuāng zǐ wǎng jiàn zhī yuē nán fāng yǒu niǎo qí míng wéi yuān chú zǐ zhī zhī
庄子往见之，曰：“南方有鸟，其名为鹓鶵[2]，子知之

hū fú yuān chú fā yú nán hǎi ér fēi yú běi hǎi fēi wú tóng bù zhǐ fēi liàn shí
乎？夫鹓鶵，发于南海而飞于北海[3]，非梧桐不止[4]，非练实

bù shí fēi lǐ quán bù yǐn yú shì chī dé fǔ shǔ yuān chú guò zhī yǎng ér shì
不食[5]，非醴泉不饮[6]。于是鸱得腐鼠[7]，鹓鶵过之，仰而视

zhī yuē hè jīn zǐ yù yǐ zǐ zhī liáng guó ér hè wǒ yé
之曰：‘吓[8]！’今子欲以子之梁国而吓我邪？”

zhuāng zǐ yǔ huì zǐ yóu yú háo liáng zhī shàng zhuāng zǐ yuē tiáo yú chū yóu
庄子与惠子游于濠梁之上[9]。庄子曰：“儵鱼出游

cóng róng shì yú zhī lè yě huì zǐ yuē zǐ fēi yú ān zhī yú zhī lè
从容[10]，是鱼之乐也。”惠子曰：“子非鱼，安知鱼之乐[11]？”

zhuāng zǐ yuē zǐ fēi wǒ ān zhī wǒ bù zhī yú zhī lè huì zǐ yuē wǒ fēi zǐ
庄子曰：“子非我，安知我不知鱼之乐？”惠子曰：“我非子，

gù bù zhī zǐ yǐ zǐ gù fēi yú yě zǐ zhī bù zhī yú zhī lè quán yǐ zhuāng
固不知子矣[12]；子固非鱼也，子之不知鱼之乐，全矣[13]！”庄

zǐ yuē qǐng xún qí běn zǐ yuē rǔ ān zhī yú lè yún zhě jì yǐ zhī wú zhī
子曰：“请循其本[14]。子曰‘汝安知鱼乐’云者，既已知吾知

zhī ér wèn wǒ wǒ zhī zhī háo shàng yě
之而问我，我知之濠上也[15]。”

---

①搜：指搜捕。国：国都。 ②鹓鶵：传说中凤凰一类的鸟。 ③发：出发。 ④止：停止，栖息。相传凤凰一类的鸟，只栖息在梧桐树上。 ⑤练实：竹子的果实。 ⑥醴泉：甘美的山泉水。醴，本指甜酒。 ⑦于是：在这时候。鸱：鹞鹰。 ⑧吓：象声词，发怒的声音。 ⑨濠：水名，在今安徽凤阳县。梁：河堰。 ⑩儵鱼：儵，当作鲦，又叫白条鱼、苍条鱼。从容：舒缓自得的样子。 ⑪子非鱼：你不是鱼。安知：怎么知道。 ⑫固：本来。 ⑬全矣：完全如此了，意思是无可辩驳了。 ⑭循：追溯。本：根本，原始，指开始的话题。 ⑮“子曰”句：你说“汝安知鱼乐”的时候，就已经知道了我知道鱼的快乐，却问我从哪里知道，那我告诉你我是在濠梁之上知道的。在这里，惠子说“汝安知鱼乐”的前提，是指出“庄子不是鱼”。庄子却偷换概念，假设了惠子已经承认庄子是知道鱼快乐的，只是不知道在哪里知道的，所以他的回答变成“我知之濠上也”。

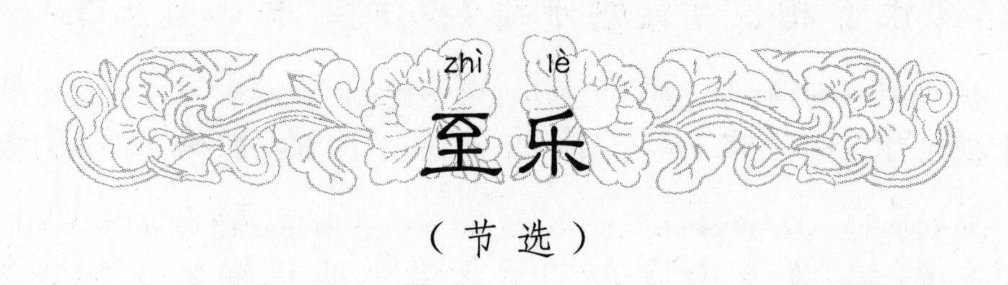

zhì lè

至乐

（节选）

zhuāng zǐ qī sǐ huì zǐ diào zhī zhuāng zǐ zé fāng jī jù gǔ pén ér
1. 庄子妻死，惠子吊之①，庄子则方箕踞鼓盆而
gē huì zǐ yuē yǔ rén jū zhǎng zǐ lǎo shēn sǐ bù kū yì zú
歌②。惠子曰：“与人居③，长子④、老、身死⑤，不哭，亦足
yǐ yòu gǔ pén ér gē bù yì shèn hū zhuāng zǐ yuē bù rán shì qí shǐ sǐ
矣⑥，又鼓盆而歌，不亦甚乎⑦！”庄子曰：“不然。是其始死
yě wǒ dú hé néng wú kǎi rán chá qí shǐ ér běn wú shēng fēi tú wú shēng yě
也⑧，我独何能无概然⑨！察其始而本无生⑩，非徒无生也
ér běn wú xíng fēi tú wú xíng yě ér běn wú qì zá hū huǎng hū zhī jiān biàn ér
而本无形⑪，非徒无形也而本无气。杂乎芒芴之间⑫，变而
yǒu qì qì biàn ér yǒu xíng xíng biàn ér yǒu shēng jīn yòu biàn ér zhī sǐ shì xiāng
有气，气变而有形，形变而有生⑬，今又变而之死⑭，是相
yǔ wéi chūn qiū dōng xià sì shí xíng yě rén qiě yǎn rán qǐn yú jù shì ér wǒ jiào
与为春秋冬夏四时行也⑮。人且偃然寝于巨室⑯，而我嗷
jiào rán suí ér kū zhī zì yǐ wéi bù tōng hū mìng gù zhǐ yě
嗷然随而哭之⑰，自以为不通乎命⑱，故止也。”

---

①吊：吊唁。 ②方：正在。箕踞：盘腿而坐，其形如簸箕。鼓盆而歌：敲着瓦盆唱歌。鼓，敲击。 ③人：指庄子妻。居：生活。 ④长子：抚养子女成长。 ⑤老、身死：老而身死。 ⑥亦足矣：已经够不合情理的了，也就算了。 ⑦不亦甚乎：不是太过分了吗！甚，厉害，严重。 ⑧始死：刚刚去世。 ⑨概：通“慨”，感慨，伤感。 ⑩察：考察，推究。无生：不曾出生。 ⑪徒：仅仅。 ⑫芒芴：通“恍惚”，混沌模糊的状态。 ⑬生：生命。 ⑭之：到，往。 ⑮是相与为春秋冬夏四时行也：人生与死的变化，只不过如同春夏秋冬四季的变化运行一样，是自然而然的。为，如同。行，运行。 ⑯人：庄子妻。偃然：安静的样子。巨室：指天地之间。 ⑰嗷嗷然：哀叫哭泣的声音。 ⑱不通：不合于。命：天命自然。

zhuāng zǐ zhī chǔ jiàn kōng dú lóu xiāo rán yǒu xíng qiào yǐ mǎ chuí yīn

2. 庄子之楚[①]，见空髑髅[②]，髐然有形[③]，撽以马捶[④]，因

ér wèn zhī yuē fū zǐ tān shēng shī lǐ ér wéi cǐ hū jiāng zǐ yǒu wáng guó zhī shì

而问之，曰："夫子贪生失理，而为此乎[⑤]？将子有亡国之事，

fǔ yuè zhī zhū ér wéi cǐ hū jiāng zǐ yǒu bù shàn zhī xíng kuì wèi fù mǔ qī zǐ zhī

斧钺之诛[⑥]，而为此乎？将子有不善之行[⑦]，愧遗父母妻子之

chǒu ér wéi cǐ hū jiāng zǐ yǒu dòng něi zhī huàn ér wéi cǐ hū jiāng zǐ zhī chūn qiū

丑[⑧]，而为此乎？将子有冻馁之患[⑨]，而为此乎？将子之春秋

gù jí cǐ hū yú shì yǔ zú yuán dú lóu zhěn ér wò yè bàn dú lóu xiàn mèng

故及此乎[⑩]？"于是语卒[⑪]，援髑髅[⑫]，枕而卧。夜半，髑髅见梦

yuē zǐ zhī tán zhě sì biàn shì shì zǐ suǒ yán jiē shēng rén zhī lèi yě sǐ zé wú

曰[⑬]："子之谈者似辩士[⑭]。视子所言，皆生人之累也[⑮]，死则无

cǐ yǐ zǐ yù wén sǐ zhī yuè hū zhuāng zǐ yuē rán dú lóu yuē sǐ wú jūn

此矣。子欲闻死之说乎[⑯]？"庄子曰："然。"髑髅曰："死，无君

yú shàng wú chén yú xià yì wú sì shí zhī shì zòng rán yǐ tiān dì wéi chūn qiū suī nán miàn

于上，无臣于下，亦无四时之事，从然以天地为春秋[⑰]，虽南面

wáng lè bù néng guò yě zhuāng zǐ bù xìn yuē wú shǐ sī mìng fù shēng zǐ xíng wèi

王乐[⑱]，不能过也。"庄子不信，曰："吾使司命复生子形[⑲]，为

zǐ gǔ ròu jī fū fǎn zǐ fù mǔ qī zǐ lǘ lǐ zhī shí zǐ yù zhī hū dú lóu shēn pín

子骨肉肌肤，反子父母妻子闾里知识[⑳]，子欲之乎[㉑]？"髑髅深矉

cù è yuē wú ān néng qì nán miàn wáng lè ér fù wéi rén jiān zhī láo hū

蹙頞曰[㉒]："吾安能弃南面王乐而复为人间之劳乎！"

---

①之：往，到。 ②髑髅：即骷髅，死人的头骨。 ③髐然：枯骨暴露的样子。有形：具有活着的人头颅的形状。 ④撽：旁击。捶：通"箠"，鞭子。 ⑤贪生：过分追求人生欲望。失理：违反天理。为此：成为这样，指导致死亡。 ⑥"将子"句：将，还是。钺，古代兵器，形似斧头。诛，杀。 ⑦不善之行：做了不好的事情。 ⑧"愧遗"句：羞愧地给父母妻子丢了脸。遗，留给。丑，耻辱。 ⑨馁：饥饿。 ⑩春秋：指年纪。 ⑪卒：终，结束。 ⑫援：拉。 ⑬见：同"现"，显现。 ⑭辩士：能言善辩之人。 ⑮生人：活着的人。累：拖累，负担。 ⑯说：通"悦"，高兴。 ⑰从然：即纵然，放纵自如的样子。从通"纵"。以天地为春秋：随着天地自然的变化过日子。 ⑱南面王：南面指君王。古代君王坐北朝南。 ⑲司命：掌管人生命的神。复生子形：恢复你活的时候的样子。 ⑳反：同"返"，归还。知识：熟识的朋友。 ㉑子欲之乎：你想如此吗？ ㉒矉：通"颦"，皱眉头。蹙頞：困窘愁苦的样子。頞，鼻梁。

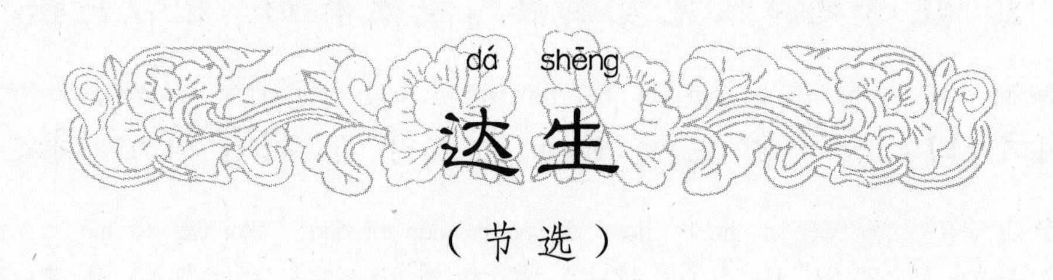

dá shēng

达生

（节选）

zhòng ní shì chǔ chū yú lín zhōng jiàn jū lóu zhě zhěng tiáo yóu duō zhī
1. 仲尼适楚①，出于林中②，见痀偻者承蜩③，犹掇之

yě zhòng ní yuē zǐ qiǎo hū yǒu dào yé yuē wǒ yǒu dào yě wǔ
也④。仲尼曰："子巧乎⑤！有道邪⑥？"曰："我有道也。五

liù yuè lěi wán èr ér bù zhuì zé shī zhě zī zhū lěi sān ér bù zhuì zé shī zhě shí
六月累丸二而不坠⑦，则失者锱铢⑧；累三而不坠，则失者十

yī lěi wǔ ér bù zhuì yóu duō zhī yě wú chǔ shēn yě ruò jué zhū jǔ wú zhí bì
一；累五而不坠，犹掇之也。吾处身也，若橛株枸⑨；吾执臂

yě ruò gǎo mù zhī zhī suī tiān dì zhī dà wàn wù zhī duō ér wéi tiáo yì zhī zhī
也⑩，若槁木之枝；虽天地之大，万物之多，而唯蜩翼之知⑪。

wú bù fǎn bù cè bù yǐ wàn wù yì tiáo zhī yì hé wéi ér bù dé kǒng zǐ gù
吾不反不侧⑫，不以万物易蜩之翼⑬，何为而不得！"孔子顾

wèi dì zǐ yuē yòng zhì bù fēn nǎi níng yú shén qí jū lóu zhàng rén zhī
谓弟子曰："用志不分⑭，乃凝于神⑮，其痀偻丈人之

wèi hū
谓乎！"⑯

---

①适：到。②出：经过。③痀偻：驼背。承：通"拯"，用杆子粘取。蜩：蝉。④犹掇之也：好像随意拾取一样容易。掇，拾取。⑤巧：熟练。⑥道：办法，技巧。⑦五六月累丸：练了五六个月累弹丸的功夫。累丸，在竹竿顶上摞弹丸，使弹丸累起来而不跌落，从而训练运手镇定。⑧锱铢：古代重量单位，六铢等于一锱，四锱等于一两。引申为很少。⑨处身：立定身体。橛株枸：静止如断树桩，形容身心的凝定。⑩执臂：控制手臂。⑪翼：翅膀。⑫不反不侧：内心宁静，心无二念。⑬易：改变。⑭用志：用心。⑮凝于神：精神凝聚专一。⑯丈人：古代对老年人的尊称。

yán yuān wèn zhòng ní yuē　wú cháng jì hū shāng shēn zhī yuān　jīn rén cāo
2. 颜渊问仲尼曰：“吾尝济乎觞深之渊①，津人操

zhōu ruò shén　wú wèn yān　yuē　cāo zhōu kě xué yé　yuē　kě　shàn yóu zhě sù
舟若神②。吾问焉，曰：‘操舟可学邪？’曰：‘可。善游者数

néng　ruò nǎi fú mò rén　zé wèi cháng jiàn zhōu ér biàn cāo zhī yě　wú wèn yān ér
能③。若乃夫没人④，则未尝见舟而便操之也⑤。’吾问焉而

bù wú gào　gǎn wèn hé wèi yě　zhòng ní yuē　shàn yóu zhě sù néng　wàng shuǐ yě
不吾告⑥，敢问何谓也？”仲尼曰：“善游者数能，忘水也⑦。

ruò nǎi fú mò rén zhī wèi cháng jiàn zhōu ér biàn cāo zhī yě　bǐ shì yuān ruò líng　shì zhōu
若乃夫没人之未尝见舟而便操之也，彼视渊若陵⑧，视舟

zhī fù yóu qí chē què yě　fù què wàn fāng chén hū qián ér bù dé rù qí shè　wū
之覆犹其车却也⑨。覆却万方陈乎前而不得入其舍⑩，恶

wǎng ér bù xiá　yǐ wǎ zhù zhě qiǎo　yǐ gōu zhù zhě dàn　yǐ huáng jīn zhù zhě
往而不暇⑪！以瓦注者巧⑫，以钩注者惮⑬，以黄金注者

hūn　qí qiǎo yī yě　ér yǒu suǒ jīn　zé zhòng wài yě　fán wài zhòng zhě
殙⑭。其巧一也⑮，而有所矜⑯，则重外也⑰。凡外重者

nèi zhuō
内拙⑱。”

kǒng zǐ guān yú lǚ liáng　xuán shuǐ sān shí rèn　liú mò sì shí lǐ　yuán
3. 孔子观于吕梁⑲，县水三十仞⑳，流沫四十里㉑，鼋

tuó yú biē zhī suǒ bù néng yóu yě　jiàn yī zhàng fū yóu zhī　yǐ wéi yǒu kǔ ér yù
鼍鱼鳖之所不能游也㉒。见一丈夫游之㉓，以为有苦而欲

---

①济：渡。觞深：渊名，也是作者虚构出来的。②津人：撑船摆渡的人。操舟：撑船。若神：形容技术高超。③数能：数，借为“速”，很快就学会。④没人：会潜水的人。⑤“则未尝”句：即使没见过船也会驾使。⑥焉：之，他。不吾告：不告诉我。⑦忘水：不把水放在心上。⑧陵：山丘。⑨覆：倾覆，翻船。却：退却。⑩“覆却”句：翻船也好，车滑坡也好，各种危险出现在面前，都不能让它扰乱你的心境，从而惊慌失措。陈，呈现。舍，心灵。⑪恶往：到哪儿。暇：闲暇自得。⑫注：下赌注。巧：轻快，灵巧。⑬钩：带钩，多以青铜铸成。惮：怕。⑭殙：心绪昏乱。⑮其巧一也：他赌博的技巧是一样的。⑯矜：谨慎，慎重。⑰重外：注重外物。⑱外重者内拙：过分看重身外利害得失，内心必然显得笨拙。⑲观：游览，参观。吕梁：地名，在今江苏铜山县东南。⑳县水：即瀑布。县通“悬”。㉑流：激流。沫：浪花。㉒鼋：鳖的一种。鼍：俗称猪婆龙，鳄鱼的一种。鳖：甲鱼。不能游，说明水太急。㉓丈夫：古代对成年男子的称呼。

sǐ yě shǐ dì zǐ bìng liú ér zhěng zhī shù bǎi bù ér chū pī fà xíng gē ér
死也[1]，使弟子并流而拯之[2]。数百步而出[3]，被发行歌而

yóu yú táng xià kǒng zǐ cóng ér wèn yān yuē wú yǐ zǐ wéi guǐ chá zǐ zé rén
游于塘下[4]。孔子从而问焉[5]，曰："吾以子为鬼，察子则人

yě qǐng wèn dǎo shuǐ yǒu dào hū yuē wú wú wú dào wú shǐ hū gù
也[6]。请问，蹈水有道乎[7]？"曰："亡[8]，吾无道。吾始乎故，

zhǎng hū xìng chéng hū mìng yǔ qí jù rù yǔ gǔ xié chū cóng shuǐ zhī dào ér
长乎性，成乎命[9]。与齐俱入[10]，与汩偕出[11]，从水之道而

bù wéi sī yān cǐ wú suǒ yǐ dǎo zhī yě kǒng zǐ yuē hé wèi shǐ hū gù zhǎng
不为私焉[12]。此吾所以蹈之也。"孔子曰："何谓始乎故，长

hū xìng chéng hū mìng yuē wú shēng yú líng ér ān yú líng gù yě zhǎng yú shuǐ ér
乎性，成乎命？"曰："吾生于陵而安于陵，故也；长于水而

ān yú shuǐ xìng yě bù zhī wú suǒ yǐ rán ér rán mìng yě
安于水，性也；不知吾所以然而然，命也。"

---

①苦：痛苦的事。②并流：沿着水流。拯：救。③出：浮出水面。④被发行歌：被通"披"。披散着头发，边走边唱。⑤从而问焉：追上他问道。⑥"吾以"句：我开始以为您是鬼，观察后才发现是人。⑦蹈水：游泳。⑧亡：通"无"。⑨故：本然。性：习性。命：自然之理。⑩齐：通"脐"，漩涡，因形状似肚脐，故称脐。俱：共同。⑪汩：上涌的激流。偕：一起。⑫从：顺。道：流动的规律。不为私：不自作主张逆水而动。

shān mù

山木

（节选）

zhuāng zǐ xíng yú shān zhōng jiàn dà mù zhī yè shèng mào fá mù zhě zhǐ

1. 庄子行于山中，见大木[1]，枝叶盛茂，伐木者止

qí páng ér bù qǔ yě wèn qí gù yuē wú suǒ kě yòng zhuāng zǐ yuē cǐ mù

其旁而不取也。问其故，曰：“无所可用。”庄子曰：“此木

yǐ bù cái dé zhōng qí tiān nián fú chū yú shān shè yú gù rén zhī jiā gù rén

以不材得终其天年夫[2]！”出于山[3]，舍于故人之家[4]。故人

xǐ mìng shù zǐ shā yàn ér pēng zhī shù zǐ qǐng yuē qí yī néng míng qí yī bù

喜，命竖子杀雁而烹之[5]。竖子请曰：“其一能鸣，其一不

néng míng qǐng xī shā zhǔ rén yuē shā bù néng míng zhě míng rì dì zǐ wèn yú

能鸣，请奚杀[6]？”主人曰：“杀不能鸣者。”明日，弟子问于

zhuāng zǐ yuē zuó rì shān zhōng zhī mù yǐ bù cái dé zhōng qí tiān nián jīn zhǔ rén zhī

庄子曰：“昨日山中之木，以不材得终其天年；今主人之

yàn yǐ bù cái sǐ xiān shēng jiāng hé chǔ zhuāng zǐ xiào yuē zhōu jiāng chǔ hū cái

雁，以不材死。先生将何处？”庄子笑曰：“周将处乎材

yǔ bù cái zhī jiān cái yǔ bù cái zhī jiān sì zhī ér fēi yě gù wèi miǎn hū lèi

与不材之间[7]。材与不材之间，似之而非也，故未免乎累[8]。

ruò fú chéng dào dé ér fú yóu zé bù rán wú yù wú zǐ yī lóng yī shé yǔ

若夫乘道德而浮游则不然[9]。无誉无訾[10]，一龙一蛇[11]，与

---

①大木：大树。②不材：不成材。天年：按自然发展应有的寿命。③出于山：从山林里走出来。④舍：住。故人：老朋友。⑤竖子：童仆。雁：野鹅。⑥奚杀：杀哪一只。⑦周：庄子名周。⑧似之而非也：近似天道但还没有完全合于天道。累：牵累。⑨乘：顺应。道德：自然。浮游：活动。⑩誉：赞美。訾：非议，毁谤。⑪一龙一蛇：意指时而显现时而隐晦。

shí jù huà ér wú kěn zhuān wéi yī shàng yī xià yǐ hé wéi liàng fú yóu hū wàn
时俱化,而无肯专为[1];一上一下,以和为量[2],浮游乎万

wù zhī zǔ wù wù ér bù wù yú wù zé hú kě dé ér lèi yé cǐ shén nóng huáng
物之祖[3];物物而不物于物[4],则胡可得而累邪!此神农黄

dì zhī fǎ zé yě ruò fú wàn wù zhī qíng rén lún zhī chuán zé bù rán hé zé
帝之法则也[5]。若夫万物之情,人伦之传,则不然[6]。合则

lí chéng zé huǐ lián zé cuò zūn zé é yǒu wéi zé kuī xián zé móu bù
离[7],成则毁[8];廉则挫[9],尊则议[10],有为则亏[11],贤则谋[12],不

xiào zé qī hú kě dé ér bì hū zāi bēi fú dì zǐ zhì zhī qí wéi dào dé
肖则欺[13],胡可得而必乎哉[14]!悲夫!弟子志之[15],其唯道德

zhī xiàng hū
之乡乎[16]!"

zhuāng zǐ yì dà bù ér bǔ zhī zhèng xié xì lǚ ér guò wèi wáng wèi
2. 庄子衣大布而补之[17],正緳系履而过魏王[18]。魏

wáng yuē hé xiān shēng zhī bèi yé
王曰:"何先生之惫邪[19]?"

zhuāng zǐ yuē pín yě fēi bèi yě shì yǒu dào dé bù néng xíng bèi yě
庄子曰:"贫也,非惫也[20]。士有道德不能行[21],惫也;

yī bì lǚ chuān pín yě fēi bèi yě cǐ suǒ wèi fēi zāo shí yě wáng dú bù jiàn
衣弊履穿[22],贫也,非惫也;此所谓非遭时也[23]。王独不见

fú téng yuán hū qí dé nán zǐ yù zhāng yě lǎn màn qí zhī ér wàng zhǎng qí jiān
夫腾猿乎?其得柟梓豫章也[24],揽蔓其枝而王长其间[25],

---

①专为:固守一端。②和:中和,与外物相协调。量:标准。③万物之祖:虚无的境界。④物物:主宰万物。不物于物:不为外物所主宰。⑤法则:规矩。⑥传:习俗。⑦离:分离。⑧成:成功。毁:诋毁。⑨廉:穷困。挫:压抑。⑩议:通"俄",倾斜。⑪亏:损害。⑫谋:算计,暗算。⑬不肖:不好,不贤。欺:欺辱。⑭"胡可"句:怎么可能只选择任何一方呢!⑮志:记住。⑯唯:只有。道德之乡:指自然的方向。⑰衣:穿。大布:粗布。⑱正緳:整理腰带。系履:绑好鞋子。过:拜访。魏王:梁惠王。⑲惫:疲惫,困乏。⑳"贫也"句:我只是贫穷,不是精神疲惫。㉑行:实行。㉒弊:破。穿:洞。㉓"此所谓":这就是所说的生不逢时。时,指圣明之世。㉔柟:楠树。梓、豫章:都是端直的树。㉕揽蔓:把捉牵扯。王长其间:在其间称王称长,指(猴子)在树林中逍遥自得的样子。

suī yì péngméng bù néngmiǎn nì yě jí qí dé zhè jí zhǐ jǔ zhī jiān yě wēixíng
虽羿、蓬蒙不能眄睨也[1]。及其得柘棘枳枸之间也[2]，危行

cè shì zhèn dòng dào lì cǐ jīn gú fēi yǒu jiā jí ér bù róu yě chǔ shì bù
侧视[3]，振动悼栗[4]；此筋骨非有加急而不柔也[5]，处势不

biàn wèi zú yǐ chěng qí néng yě jīn chǔ hūn shàng luàn xiàng zhī jiān ér yù wú bèi
便，未足以逞其能也。今处昏上乱相之间[6]，而欲无惫，

xī kě dé yé cǐ bǐ gān zhī jiàn pōu xīn zhēng yě fú
奚可得邪？此比干之见剖心徵也夫[7]！”

yáng zǐ zhī sòng sù yú nì lǚ nì lǚ yǒu qiè èr rén qí yī rén
3. 阳子之宋[8]，宿于逆旅[9]。逆旅有妾二人，其一人

měi qí yī rén è è zhě guì ér měi zhě jiàn yáng zǐ wèn qí gù nì lǚ xiǎo
美，其一人恶[10]，恶者贵而美者贱[11]。阳子问其故[12]，逆旅小

zǐ duì yuē qí měi zhě zì měi wú bù zhī qí měi yě qí è zhě zì è wú bù
子对曰[13]：“其美者自美[14]，吾不知其美也；其恶者自恶，吾不

zhī qí è yě yáng zǐ yuē dì zǐ jì zhī xíng xián ér qù zì xián zhī xīn ān
知其恶也。”阳子曰：“弟子记之！行贤而去自贤之心[15]，安

wǎng ér bù ài zāi
往而不爱哉[16]！”

---

①羿：神话中精于射箭的英雄。蓬蒙：羿的弟子。眄睨：斜视，表示轻视。②柘：桑科灌木。棘：似枣树，但小而多刺。枳：桔科灌木。枸：常绿小乔木或灌木。③危行：小心翼翼地行走。侧视：害怕而不敢正视。④悼栗：惧怕战栗。⑤急：紧。柔：灵活。⑥上：君主。相：臣子。⑦比干：殷纣王的大臣，因直谏被殷纣王下令剖心而死。徵：证明。⑧阳子：姓阳，名朱，字子居，秦人。⑨逆旅：旅店。⑩恶：丑陋。⑪贵：受尊宠。贱：被冷落。⑫故：原因，缘故。⑬小子：对年轻人的称呼，这里指旅店主人。⑭自美：自以为漂亮。⑮行：行为。去：抛弃。自贤：自以为贤。⑯安：哪里。

tián zǐ fāng

田子方

（节选）

zhuāng zǐ jiàn lǔ āi gōng āi gōng yuē lǔ duō rú shì shǎo wéi xiān shēng
1. 庄子见鲁哀公[①]。哀公曰：“鲁多儒士，少为先生

fāng zhě zhuāng zǐ yuē lǔ shǎo rú āi gōng yuē jǔ lǔ guó ér rú fú hé
方者[②]。”庄子曰：“鲁少儒。”哀公曰：“举鲁国而儒服[③]，何

wèi shǎo hū zhuāng zǐ yuē zhōu wén zhī rú zhě guàn yuán guān zhě zhī tiān shí lǚ
谓少乎？”庄子曰：“周闻之，儒者冠圜冠者，知天时[④]；履

jǔ jù zhě zhī dì xíng huǎn pèi jué zhě shì zhì ér duàn jūn zǐ yǒu qí dào
句屦者，知地形[⑤]；缓佩玦者，事至而断[⑥]。君子有其道

zhě wèi bì wéi qí fú yě wéi qí fú zhě wèi bì zhī qí dào yě gōng gù yǐ wéi
者[⑦]，未必为其服也[⑧]；为其服者，未必知其道也。公固以为

bù rán hé bù hào yú guó zhōng yuē wú cǐ dào ér wéi cǐ fú zhě qí zuì
不然[⑨]，何不号于国中曰[⑩]：‘无此道而为此服者[⑪]，其罪

sǐ yú shì āi gōng hào zhī wǔ rì ér lǔ guó wú gǎn rú fú zhě dú yǒu yī zhàng
死！’”于是哀公号之五日，而鲁国无敢儒服者[⑫]，独有一丈

fū rú fú ér lì hū gōng mén gōng jí zhào ér wèn yǐ guó shì qiān zhuǎn wàn biàn ér bù
夫儒服而立乎公门。公即召而问以国事，千转万变而不

---

①“庄子”句：庄子与魏惠王、齐威王是同时代的人，在鲁哀公后120年。所以这里是虚构的寓言故事，而非史实。②为：指信仰。方：道，术。③举：全国。儒服：儒士穿的服装，这里指穿着儒服。④冠：第一个冠字，为动词，戴的意思；第二个冠字，为名词，帽子。知：懂得。⑤履：穿。句：通“矩”，方形。地形：地理。⑥缓：五色的丝带。玦：环形有口的玉。断：善于决断。⑦有其道：有以上说的儒士的本领。⑧其服：儒士的打扮。⑨固：一定。⑩号：命令。国：京都。⑪为此服：指穿儒服。⑫无敢：没有敢于做……。

qióng zhuāng zǐ yuē yǐ lǔ guó ér rú zhě yī rén ěr kě wèi duō hū

穷[1]。庄子曰："以鲁国而儒者一人耳，可谓多乎？"

liè yù kòu wèi bó hūn wú rén shè yǐn zhī yíng guàn cuò bēi shuǐ qí zhǒu

2. 列御寇为伯昏无人射[2]，引之盈贯[3]，措杯水其肘

shàng fā zhī shì shǐ fù tà fāng shǐ fù yù dāng shì shí yóu xiàng rén yě

上[4]，发之，适矢复沓[5]，方矢复寓[6]。当是时，犹象人也[7]。

bó hūn wú rén yuē shì shè zhī shè fēi bù shè zhī shè yě cháng yǔ rǔ dēng gāo

伯昏无人曰："是射之射，非不射之射也[8]。尝与汝登高

shān lǚ wēi shí lín bǎi rèn zhī yuān ruò néng shè hū yú shì wú rén suì dēng gāo

山，履危石，临百仞之渊，若能射乎[9]？"于是无人遂登高

shān lǚ wēi shí lín bǎi rèn zhī yuān bèi qūn xún zú èr fēn chuí zài wài yī yù kòu

山，履危石，临百仞之渊，背逡巡[10]，足二分垂在外[11]，揖御寇

ér jìn zhī yù kòu fú dì hán liú zhì zhǒng bó hūn wú rén yuē fú zhì rén

而进之[12]。御寇伏地，汗流至踵[13]。伯昏无人曰："夫至人

zhě shàng kūi qīng tiān xià qián huáng quán huī chì bā jí shén qì bù biàn jīn rǔ

者，上窥青天[14]，下潜黄泉[15]，挥斥八极[16]，神气不变。今汝

chù rán yǒu shùn mù zhī zhì ěr yú zhòng yě dài yǐ fú

怵然有恂目之志[17]，尔于中也殆矣夫[18]！"

---

①千转万变：形容问题多而难。穷：尽。 ②列御寇：即列子，郑人，战国时思想家。伯昏无人：虚构的人物。射：表演射箭。 ③引：拉弓。盈：满。贯：弓。 ④措：放置。 ⑤适矢复沓：形容刚射出一箭又紧接着一箭。矢，箭。 ⑥方矢复寓：前一支箭刚射出，后一支箭又已放上弓弦，形容动作之敏捷。寓：寄寓，指放上箭。 ⑦象人：木偶、泥人一样纹丝不动。 ⑧"是射"句：这是有心的射，不是无心的射。 ⑨尝：尝试。履：脚踏。若：你。 ⑩背逡巡：背对深渊后退移步。 ⑪足二分垂在外：脚的三分之二悬在外面。 ⑫揖：作揖相请。进之：走向前来。 ⑬踵：脚后跟。 ⑭窥：观察，窥视。 ⑮潜：探测。 ⑯挥斥：纵放奔驰。八极：八方。 ⑰怵然：害怕的样子。恂目：眩目，神色不定的样子。 ⑱中：命中。殆：困难。

zhì běi yóu
知北游

（节选）

tiān dì yǒu dà měi ér bù yán sì shí yǒu míng fǎ ér bù yì wàn wù yǒu chéng lǐ ér bù shuō shèng rén zhě yuán tiān dì zhī měi ér dá wàn wù zhī lǐ shì gù zhì rén wú wèi dà shèng bù zuò guān yú tiān dì zhī wèi yě

1. 天地有大美而不言，四时有明法而不议，万物有成理而不说。[①] 圣人者，原天地之美而达万物之理，是故至人无为，大圣不作，观于天地之谓也。[②]

hé bǐ shén míng zhì jīng yǔ bǐ bǎi huà wù yǐ sǐ shēng fāng yuán mò zhī qí gēn yě biàn rán ér wàn wù zì gǔ yǐ gù cún liù hé wéi jù wèi lí qí nèi qiū háo wèi xiǎo dài zhī chéng tǐ tiān xià mò bù chén fú zhōng shēn bù gù yīn yáng sì shí yùn háng gè dé qí xù hūn rán ruò wáng ér cún yóu rán bù xíng ér shén wàn wù chù ér bù zhī cǐ zhī wèi běn gēn kě yǐ guān yú tiān yǐ

合彼神明至精，[③]与彼百化，[④]物已死生方圆，莫知其根也，扁然而万物自古以固存。[⑤] 六合为巨，未离其内；[⑥]秋毫为小，待之成体。天下莫不沈浮，终身不故；[⑦]阴阳四时运行，各得其序。惛然若亡而存，油然不形而神，万物畜而不知。[⑧] 此之谓本根，可以观于天矣。[⑨]

---

①明法：明确的规律。成理：万物生成之理。 ②原：归本、推究之意。达：通达。 ③彼：指天地。神明：比喻天地蕴含的无形的、精微的灵妙。 ④与彼百化：天地参与万物之各种变化。彼，指万物。 ⑤死生方圆：物或生或灭，或方或圆，变化无方，形态各异，莫知其所由来。扁然：扁通“遍”，普遍地。 ⑥六合：上下四方的无限空间。巨：巨大。其：指道。这句话是说，六合虽巨大，亦在大道中。 ⑦沈浮：升降、往来。万物的相互作用与无穷变化。沈通“沉”。不故：言其新故相除，永葆生机。故，陈旧。 ⑧惛然：暗昧的样子。油然：流动变化无所系着之状。万物畜：万物为其畜养。 ⑨观于天：观见自然之道。

yú shì tài qīng wèn hū wú qióng yuē zǐ zhī dào hū wú qióng yuē wú
2. 于是泰清问乎无穷曰[1]:“子知道乎?”无穷曰:“吾

bù zhī yòu wèn hū wú wéi wú wéi yuē wú zhī dào yuē zǐ zhī zhī dào
不知。”又问乎无为[2]。无为曰:“吾知道。”曰:“子之知道,

yì yǒu shù hū yuē yǒu yuē qí shù ruò hé wú wéi yuē wú zhī dào zhī
亦有数乎[3]?”曰:“有。”曰:“其数若何?”无为曰:“吾知道之

kě yǐ guì kě yǐ jiàn kě yǐ yuē kě yǐ sǎn cǐ wú suǒ yǐ zhī dào zhī shù yě
可以贵,可以贱,可以约[4],可以散,此吾所以知道之数也。”

tài qīng yǐ zhī yán yě wèn hū wú shǐ yuē ruò shì zé wú qióng zhī fú zhī yǔ wú wéi
泰清以之言也问乎无始曰[5]:“若是,则无穷之弗知与无为

zhī zhī shú shì ér shú fēi hū wú shǐ yuē bù zhī shēn yǐ zhī zhī qiǎn yǐ fú zhī
之知,孰是而孰非乎?”无始曰:“不知深矣,知之浅矣;弗知

nèi yǐ zhī zhī wài yǐ yú shì tài qīng yǎng ér tàn yuē fú zhī nǎi zhī hū zhī
内矣,知之外矣。”于是泰清中而叹曰[6]:“弗知乃知乎!知

nǎi bù zhī hū shú zhī bù zhī zhī zhī wú shǐ yuē dào bù kě wén wén ér fēi
乃不知乎!孰知不知之知[7]?”无始曰:“道不可闻,闻而非

yě dào bù kě jiàn jiàn ér fēi yě dào bù kě yán yán ér fēi yě zhī xíng xíng zhī
也;道不可见,见而非也;道不可言,言而非也。知形形之

bù xíng hū dào bù dāng míng wú shǐ yuē yǒu wèn dào ér yìng zhī zhě bù zhī
不形乎[8]!道不当名[9]。”无始曰:“有问道而应之者,不知

dào yě suī wèn dào zhě yì wèi wén dào dào wú wèn wèn wú yìng wú wèn wèn
道也。虽问道者,亦未闻道。道无问,问无应。无问问

zhī shì wèn qióng yě wú yìng yìng zhī shì wú nèi yě yǐ wú nèi dài wèn qióng
之[10],是问穷也[11];无应应之,是无内也。以无内待问穷[12],

①泰清、无穷:都是虚构的人物。②无为:虚设的人物。③数:名数。④约:聚合。⑤无始:虚设人物。⑥中:一本作“卬”,通“仰”,抬头。⑦不知之知:不知其实就是知。⑧“知形”句:知道主宰有形的物是无形的道吧。⑨道:大道。名:名称。⑩无问问之:没有什么可问的却要问。⑪穷:落空。⑫内:内容。

ruò shì zhě wài bù guān hū yǔ zhòu nèi bù zhī hū tài chū shì yǐ bù guò hū kūn lún

若是者，外不观乎宇宙，内不知乎大初，是以不过乎昆仑[1]，

bù yóu hū tài xū

不游乎太虚[2]。”

①不过：达不到。昆仑：比喻较高远的境界。 ②不游：不能游。太虚：极端虚无的境界。

xú wú guǐ

徐无鬼

（节选）

xú wú guǐ jiàn wǔ hóu wǔ hóu yuē xiān shēng jū shān lín shí xù lì

1. 徐无鬼见武侯[①]，武侯曰："先生居山林，食芧栗[②]，

yàn cōng jiǔ yǐ bìn guǎ rén jiǔ yǐ fú jīn lǎo yé qí yù gān jiǔ ròu zhī wèi

厌葱韭[③]，以宾寡人[④]，久矣夫！今老邪？其欲干酒肉之味

yé qí guǎ rén yì yǒu shè jì zhī fú yé xú wú guǐ yuē wú guǐ shēng yú pín

邪[⑤]？其寡人亦有社稷之福邪[⑥]？"徐无鬼曰："无鬼生于贫

jiàn wèi cháng gǎn yǐn shí jūn zhī jiǔ ròu jiāng lái láo jūn yě jūn yuē hé zāi xī

贱，未尝敢饮食君之酒肉，将来劳君也[⑦]。"君曰："何哉，奚

láo guǎ rén yuē láo jūn zhī shén yǔ xíng wǔ hóu yuē hé wèi yé xú wú guǐ

劳寡人？"曰："劳君之神与形。"武侯曰："何谓邪？"徐无鬼

yuē tiān dì zhī yǎng yě yī dēng gāo bù kě yǐ wéi cháng jū xià bù kě yǐ wéi

曰："天地之养也一[⑧]，登高不可以为长，居下不可以为

duǎn jūn dú wéi wàn shèng zhī zhǔ yǐ kǔ yī guó zhī mín yǐ yǎng ěr mù bí kǒu fú

短[⑨]。君独为万乘之主，以苦一国之民，以养耳目鼻口，夫

shén zhě bù zì xǔ yě fú shén zhě hào hé ér wù jiān fú jiān bìng yě gù láo

神者不自许也[⑩]。夫神者，好和而恶奸[⑪]；夫奸，病也，故劳

zhī wéi jūn suǒ bìng zhī hé yě wǔ hóu yuē yù jiàn xiān shēng jiǔ yǐ wú yù

之。唯君所病之，何也[⑫]？"武侯曰："欲见先生久矣。吾欲

---

①徐无鬼：姓徐，字无鬼，隐士。武侯：魏武侯，名击，魏文侯的儿子。②芧栗：橡子。③厌：通"餍"，吃饱。④宾：通"摈"，离弃。⑤干：求取。酒肉之味：指做官享受厚禄。⑥其：难道。社稷：国家。⑦劳：犒劳，慰问。⑧养：养育。⑨"登高"句：登高位不自以为尊贵，居下位不自以为卑贱。⑩神者：心神。自许：自得其乐。⑪好和：喜欢和谐。恶奸：讨厌偏私。⑫"唯君"句：只是你犯了这种病，为什么呢？

ài mín ér wèi yì yǎn bīng　qí kě hū　xú wú guǐ yuē　bù kě　ài mín　hài mín

爱民而为义偃兵[1]，其可乎？”徐无鬼曰：“不可。爱民，害民

zhī shǐ yě　wèi yì yǎn bīng　zào bīng zhī běn yě　jūn zì cǐ wéi zhī　zé dài bù chéng

之始也；为义偃兵，造兵之本也[2]；君自此为之，则殆不成。

fán chéng měi　è qì yě　jūn suī wéi rén yì　jī qiě wěi zāi　xíng gù zào xíng

凡成美[3]，恶器也[4]；君虽为仁义，几且伪哉[5]！形固造形[6]，

chéng gù yǒu fá　biàn gù wài zhàn　jūn yì bì wú shèng hè liè yú lì qiáo zhī jiān

成固有伐[7]，变固外战。君亦必无盛鹤列于丽谯之间[8]，

wú tú jì yú zī tán zhī gōng　wú cáng nì yú dé　wú yǐ qiǎo shèng rén　wú yǐ móu

无徒骥于锱坛之宫[9]，无藏逆于得[10]，无以巧胜人，无以谋

shèng rén　wú yǐ zhàn shèng rén　fú shā rén zhī shì mín　jiān rén zhī tǔ dì　yǐ yǎng wú

胜人，无以战胜人。夫杀人之士民，兼人之土地，以养吾

sī yǔ wú shén zhě　qí zhàn bù zhī shú shàn　shèng zhī wū hū zài　jūn ruò wù yǐ

私与吾神者，其战不知孰善？胜之恶乎在？君若勿已

yǐ　xiū xiōng zhōng zhī chéng　yǐ yìng tiān dì zhī qíng ér wù yīng　fú mín sǐ yǐ tuō

矣[11]，修胸中之诚，以应天地之情而勿撄[12]。夫民死已脱

yǐ　jūn jiāng wū hū yòng fú yǎn bīng zāi

矣[13]，君将恶乎用夫偃兵哉！

zhuāng zǐ sòng zàng　guò huì zǐ zhī mù　gù wèi cóng zhě yuē　yǐng rén è màn

2. 庄子送葬，过惠子之墓，顾谓从者曰[14]：“郢人垩慢

qí bí duān　ruò yíng yì　shǐ jiàng shí zhuó zhī　jiàng shí yùn jīn chéng fēng　tīng ér

其鼻端[15]，若蝇翼[16]，使匠石斲之[17]。匠石运斤成风[18]，听而

---

①偃兵：放下兵器，停战。②本：根源。③成美：指建立爱民为义的好名声。④恶器：作恶的工具。⑤几：几乎。伪：虚伪。⑥形：形势。固：一定。造：导致。⑦成固有伐：有成就必然会各自夸耀。伐：夸耀。⑧盛鹤列：陈列出盛大的部队。鹤列，本来是古代兵法阵型，这里指陈列军队。丽谯：高楼，城楼。⑨徒：步兵。骥：骑兵。锱坛之宫：有祭坛的宫殿。锱坛：祭坛。⑩逆：违背。得：通“德”。⑪勿已：不然，指不这么做，不杀人之士民。⑫撄：打扰。⑬脱：摆脱。⑭顾：回头。从者：跟随他的人。⑮郢人：楚人。郢：春秋时楚国都城。垩：刷墙的白土。慢：通“漫”，涂抹。鼻端：鼻尖。⑯若蝇翼：像苍蝇翅膀那样薄。⑰匠石：匠人，名石。斲：砍，削。⑱斤：斧子。

zhuó zhī jìn è ér bí bù shāng yǐng rén lì bù shī róng sòng yuán jūn wén zhī
斲之①,尽垩而鼻不伤②,郢人立不失容③。宋元君闻之④,

zhào jiàng shí yuē cháng shì wèi guǎ rén wéi zhī jiàng shí yuē chén zé cháng néng zhuó
召匠石曰:‘尝试为寡人为之。’匠石曰:‘臣则尝能斲

zhī suī rán chén zhī zhì sǐ jiǔ yǐ zì fū zǐ zhī sǐ yě wú wú yǐ wéi zhì
之。虽然,臣之质死久矣⑤。’自夫子之死也,吾无以为质

yǐ wú wú yǔ yán zhī yǐ
矣,吾无与言之矣⑥。”

wú wáng fú yú jiāng dēng hū jū zhī shān zhòng jū jiàn zhī xún rán qì ér
3. 吴王浮于江,登乎狙之山⑦。众狙见之,恂然弃而

zǒu táo yú shēn zhēn yǒu yī jū yān wěi yí jué zhuā xiàn qiǎo hū wáng wáng
走⑧,逃于深蓁⑨。有一狙焉,委蛇攫抓⑩,见巧乎王⑪。王

shè zhī mǐn jǐ bó jiē shǐ wáng mìng xiàng zhě cù shè zhī jū zhí sǐ wáng gù
射之,敏给搏捷矢⑫。王命相者趋射之⑬,狙执死⑭。王顾

wèi qí yǒu yán bù yí yuē zhī jū yě fá qí qiǎo shì qí biàn yǐ ào yú yǐ
谓其友颜不疑曰⑮:“之狙也,伐其巧⑯,恃其便以敖予⑰,以

zhì cǐ jí yě jiè zhī zāi jiē hū wú yǐ rǔ sè jiāo rén zāi yán bù yí guī
至此殛也⑱!戒之哉!嗟乎,无以汝色骄人哉⑲!”颜不疑归

ér shī dǒng wú yǐ chú qí sè qù lè cí xiǎn sān nián ér guó rén chēng zhī
而师董梧以锄其色⑳,去乐辞显㉑,三年而国人称之㉒。

---

①听:听任。②尽:清除掉。此句指把垩全部去除,却没有伤到鼻子,说明技巧高超。③不失容:脸不变色,形容不害怕。④宋元君:宋国国君宋元公,名佐,宋平公之子。⑤质:对手,对象。⑥“自夫子”句:是庄子在惠施墓前说的。意在说明惠子死后,庄子辩论没有对手了。⑦狙:猕猴。⑧恂然:惊慌的样子。⑨深蓁:荆棘丛。蓁通“榛”。⑩委蛇:通“逶迤”,跳来跳去。攫:搏击。⑪见:通“现”,表现。⑫敏给:迅速。捷:通“接”。矢:箭头。⑬相者:王的左右手下。相,助,协助。趋:急速,赶快。⑭执:已经。⑮颜不疑:姓颜,字不疑,吴王的朋友。⑯伐:夸。⑰便:敏捷。敖:通“傲”,骄傲。⑱殛:死。⑲色:颜色,态度。⑳董梧:姓董,名梧,吴国的贤人。锄:去除。㉑去乐:抛弃声色。辞显:辞谢荣华。㉒称:赞颂。

则阳

（节选）

魏莹与田侯牟约[①]，田侯牟背之[②]。魏莹怒，将使人刺之[③]。犀首公孙衍闻而耻之曰[④]："君为万乘之君也，而以匹夫从仇[⑤]！衍请受甲二十万[⑥]，为君攻之，虏其人民，系其牛马，使其君内热发于背[⑦]。然后拔其国[⑧]。忌也出走[⑨]，然后抶其背[⑩]，折其脊。"

季子闻而耻之曰[⑪]："筑十仞之城，城者既十仞矣，则又坏之，此胥靡之所苦也[⑫]。今兵不起七年矣[⑬]，此王之基也[⑭]。衍乱人[⑮]，不可听也。"

---

①魏莹：魏惠王，名莹。田侯牟：指齐威王。约：动词，订立盟约。②背：背叛。③刺：刺杀。④犀首：魏国官号，如后世的虎牙将军。⑤匹夫从仇：用一般老百姓的办法报仇。⑥衍：犀首的名字，为公孙衍。受甲：即领兵。受：通"授"。⑦内热：心里如火一样发热，形容着急。⑧拔：攻取；攻伐。国：国都。⑨忌：田忌，齐国将军。⑩抶：笞击；鞭打。⑪季子：人名，但不知是何人。⑫胥靡：囚徒。⑬兵：战乱。⑭基：基础。⑮乱人：喜欢战乱的人。

huà zǐ wén ér chǒu zhī yuē shàn yán fá qí zhě luàn rén yě shàn yán wù fá
华子闻而丑之曰[1]:“善言伐齐者,乱人也;善言勿伐

zhě yì luàn rén yě wèi fá zhī yǔ bù fá luàn rén yě zhě yòu luàn rén yě jūn yuē
者,亦乱人也;谓伐之与不伐乱人也者,又乱人也。”君曰:

rán zé ruò hé yuē jūn qiú qí dào ér yǐ yǐ
“然则若何?”曰:“君求其道而已矣!”

huì zǐ wén zhī ér jiàn dài jìn rén dài jìn rén yuē yǒu suǒ wèi wō zhě jūn
惠子闻之而见戴晋人[2]。戴晋人曰:“有所谓蜗者[3],君

zhī zhī hū yuē rán yǒu guó yú wō zhī zuǒ jiǎo zhě yuē chù shì yǒu guó yú wō
知之乎?”曰:“然。”“有国于蜗之左角者曰触氏,有国于蜗

zhī yòu jiǎo zhě yuē mán shì shí xiāng yǔ zhēng dì ér zhàn fú shī shù wàn zhú běi xún yòu
之右角者曰蛮氏,时相与争地而战,伏尸数万[4],逐北旬有

wǔ rì ér hòu fǎn
五日而后反[5]。”

jūn yuē yī qí xū yán yú yuē chén qǐng wèi jūn shí zhī jūn yǐ
君曰:“噫!其虚言与[6]?”曰:“臣请为君实之[7]。君以

yì zài sì fāng shàng xià yǒu qióng hū jūn yuē wú qióng yuē zhì yóu xīn yú wú
意在四方上下有穷乎[8]?”君曰:“无穷。”曰:“知游心于无

qióng ér fǎn zài tōng dá zhī guó ruò cún ruò wáng hū jūn yuē rán yuē tōng
穷,而反在通达之国,若存若亡乎[9]?”君曰:“然。”曰:“通

dá zhī zhōng yǒu wèi yú wèi zhōng yǒu liáng yú liáng zhōng yǒu wáng wáng yǔ mán shì
达之中有魏,于魏中有梁[10],于梁中有王。王与蛮氏,

yǒu biàn hū jūn yuē wú biàn kè chū ér jūn chàng rán ruò yǒu wáng yě kè
有辩乎[11]?”君曰:“无辩。”客出而君惝然若有亡也[12]。客

---

①华子:魏国人,所指不详。②惠子:惠施。见:引见。戴晋人:梁国贤人。③蜗:蜗牛。④伏尸:倒在地上的尸体。⑤逐:追逐。北:败北。旬有五日:十五天。有通“又”。反通“返”。⑥虚言:谎话。⑦实:证实。⑧以意在:用心想一下。⑨知:通“智”。若存若亡:若有若无。⑩梁:魏国国都。⑪辩:通“辨”,区别。⑫惝然:惆怅若失的样子。亡:丢失。

chū huì zǐ jiàn jūn yuē kè dà rén yě shèng rén bù zú yǐ dāng zhī huì zǐ

出，惠子见。君曰：“客，大人也[①]，圣人不足以当之。”惠子

yuē fú chuī guǎn yě yóu yǒu xiāo yě chuī jiàn shǒu zhě xuè ér yǐ yǐ yáo

曰：“夫吹筦也[②]，犹有嗃也[③]；吹剑首者[④]，吷而已矣[⑤]。尧

shùn rén zhī suǒ yù yě dào yáo shùn yú dài jìn rén zhī qián pì yóu yī xuè yě

舜，人之所誉也；道尧舜于戴晋人之前，譬犹一吷也。”

①大人：了不起的人物。 ②筦：同“管”，竹管。 ③嗃：竹管发出的大而长的声音。 ④剑首：指剑环头的小孔。 ⑤吷：小而短的声音。

wài wù

外物

（节选）

zhuāng zhōu jiā pín gù wǎng dài sù yú jiān hé hóu jiān hé hóu yuē

1. 庄周家贫，故往贷粟于监河侯[①]。监河侯曰：

nuò wǒ jiāng dé yì jīn jiāng dài zǐ sān bǎi jīn kě hū zhuāng zhōu fèn rán zuò

“诺。我将得邑金[②]，将贷子三百金[③]，可乎？”庄周忿然作

sè yuē zhōu zuó lái yǒu zhōng dào ér hū zhě zhōu gù shì chē zhé zhōng yǒu fù

色曰[④]：“周昨来，有中道而呼者[⑤]。周顾视车辙中，有鲋

yú yān zhōu wèn zhī yuē fù yú lái zǐ hé wéi zhě yē duì yuē wǒ dōng

鱼焉[⑥]。周问之曰：‘鲋鱼来！子何为者耶？’对曰：‘我，东

hǎi zhī bō chén yě jūn qǐ yǒu dǒu shēng zhī shuǐ ér huó wǒ zāi zhōu yuē nuò

海之波臣也[⑦]。君岂有斗升之水而活我哉[⑧]？’周曰：‘诺。

wǒ qiě nán yóu wú yuè zhī tǔ jī xī jiāng zhī shuǐ ér yíng zǐ kě hū fù yú fèn

我且南游吴越之土[⑨]，激西江之水而迎子[⑩]，可乎？’鲋鱼忿

rán zuò sè yuē wú shī wǒ cháng yǔ wǒ wú suǒ chǔ wú dé dǒu shēng zhī shuǐ rán huó

然作色曰：‘吾失我常与[⑪]，我无所处。吾得斗升之水然活

ěr jūn nǎi yán cǐ zēng bù rú zǎo suǒ wǒ yú kū yú zhī sì

耳[⑫]，君乃言此，曾不如早索我于枯鱼之肆！’”[⑬]

---

①贷：借。监河侯：监管河道的官。②邑金：封邑内向百姓征收的赋税。③金：计算货币的单位。战国和秦代以一镒为一金，一金为二十两。④忿然：生气的样子。作色：变色。⑤中道：途中。⑥顾视：回头看。鲋鱼：鲫鱼。⑦波臣：指水族，古人设想江海中的水族也有君臣之分，被统治的臣隶，称为波臣。看来也把被水淹死的人称为波臣。⑧岂：其，表示希望的语气。活：使……活。⑨且：将要。游：游说。⑩激：引水。西江：蜀江。⑪常与：经常打交道的东西，指水。⑫然：则，就。⑬曾：还。索：寻找。枯鱼：干鱼。肆：市场。

rén gōng zǐ wéi dà gōu jù zī wǔ shí jiè yǐ wéi ěr dūn hū kuài jī
2. 任公子为大钩巨缁[①]，五十犗以为饵[②]，蹲乎会稽[③]，
tóu gān dōng hǎi dàn dàn ér diào jī nián bù dé yú yǐ ér dà yú shí zhī qiān jù
投竿东海，旦旦而钓[④]，期年不得鱼[⑤]。已而大鱼食之，牵巨
gōu xiàn mò ér xià wù yáng ér fèn qí bái bō ruò shān hǎi shuǐ zhèn dàng shēng móu
钩，錎没而下，骛扬而奋鬐[⑥]，白波若山，海水震荡，声侔
guǐ shén dàn hè qiān lǐ rén gōng zǐ dé ruò yú lí ér xī zhī zì zhì hé yǐ
鬼神[⑦]，惮赫千里[⑧]。任公子得若鱼，离而腊之[⑨]，自制河以
dōng cāng wú yǐ běi mò bù yàn ruò yú zhě yǐ ér hòu shì quán cái fěng shuō zhī
东[⑩]，苍梧已北[⑪]，莫不厌若鱼者[⑫]。已而后世辁才讽说之
tú jiē jīng ér xiāng gào yě fú jiē gān léi qū guàn dú shǒu ní fù qí yú
徒[⑬]，皆惊而相告也。夫揭竿累[⑭]，趋灌渎[⑮]，守鲵鲋[⑯]，其于
dé dà yú nán yǐ shì xiǎo shuō yǐ gān xuán lìng qí yú dà dá yì yuǎn yǐ shì
得大鱼难矣。饰小说以干县令[⑰]，其于大达亦远矣[⑱]。是
yǐ wèi cháng wén rén shì zhī fēng sú qí bù kě yǔ jīng yú shì yì yuǎn yǐ
以未尝闻任氏之风俗，其不可与经于世亦远矣[⑲]。

lǎo lái zǐ zhī dì zǐ chū qǔ xīn yù zhòng ní fǎn yǐ gào yuē yǒu
3. 老莱子之弟子出取薪[⑳]，遇仲尼，反以告[㉑]，曰："有
rén yú bǐ xiū shàng ér cù xià mò lóu ér hòu ěr shì ruò yíng sì hǎi bù zhī
人于彼[㉒]，修上而趋下[㉓]，末偻而后耳[㉔]，视若营四海[㉕]，不知
qí shuí shì zhī zǐ
其谁氏之子？"

---

①任公子：任国的公子。缁：黑绳。②犗：阉割过的牛。饵：鱼饵。③乎：于，在。会稽：山名，在今浙江绍兴市南。④旦旦：每天。⑤期年：一周年。⑥錎：陷没。骛：乱跑。扬：昂头。奋：张开。鬐：鱼鳍。⑦侔：同，相当。⑧惮赫：震惊，形容声音很大，令人害怕。⑨离：剖开。腊之：晒干。⑩制河：地名，即浙江。⑪苍梧：山名，在广西。⑫厌：通"餍"，饱食。⑬辁才：粗浅的才能。讽说：道听途说。⑭揭：举。累：细绳。⑮灌渎：供灌溉用的小河沟。⑯鲵鲋：小鱼。⑰饰小说：装饰低微的言论。干县令：求取高名。县：通"悬"，高。⑱大达：显达。⑲经于世：处理世务，治理国家。⑳老莱子：楚国隐士，是孔子同时代的人。出取薪：出去打柴。㉑反：同"返"，回来。㉒于彼：在那里。㉓修上：上身长。修：长。趋下：下身短。趋：通"促"，短促。㉔末偻：曲背。后耳：耳朵向后贴。㉕视若营四海：目光四射。

lǎo lái zǐ yuē shì qiū yě zhào ér lái zhòng ní zhì yuē qiū qù

老莱子曰："是丘也。召而来。"仲尼至。曰："丘！去

rǔ gōng jīn yǔ rǔ róng zhì sī wéi jūn zǐ yǐ

汝躬矜与汝容知[1]，斯为君子矣。"

zhòng ní yī ér tuì cù rán gǎi róng ér wèn yuē yè kě dé jìn hū lǎo

仲尼揖而退，蹙然改容而问曰[2]："业可得进乎[3]？"老

lái zǐ yuē fú bù rěn yī shì zhī shāng ér ào wàn shì zhī huàn yì gù jù yé wú

莱子曰："夫不忍一世之伤而骜万世之患[4]，抑固窭邪[5]，亡

qí lüè fú jí yé huì yǐ huān wéi ào zhōng shēn zhī chǒu zhōng mín zhī xíng jìn yān

其略弗及邪[6]？惠以欢为[7]，骜终身之丑，中民之行进焉

ěr xiāng yǐn yǐ míng xiāng jié yǐ yǐn yǔ qí yù yáo ér fēi jié bù rú liǎng

耳[8]，相引以名[9]，相结以隐[10]。与其誉尧而非桀，不如两

wàng ér bì qí suǒ fēi yù fǎn wú fēi shāng yě dòng wú fēi xié yě shèng rén chóu chú

忘而闭其所非誉。反无非伤也，动无非邪也。圣人踌躇

yǐ xīng shì yǐ měi chéng gōng nài hé zāi qí zài yān zhōng jīn ěr

以兴事[11]，以每成功。奈何哉其载焉终矜尔[12]！"

huì zǐ wèi zhuāng zǐ yuē zǐ yán wú yòng zhuāng zǐ yuē zhī wú yòng

4. 惠子谓庄子曰："子言无用。"庄子曰："知无用

ér shǐ kě yǔ yán yòng yǐ tiān dì fēi bù guǎng qiě dà yě rén zhī suǒ yòng róng zú

而始可与言用矣。天地非不广且大也，人之所用容足

ěr rán zé cè zú ér diàn zhī zhì huáng quán rén shàng yǒu yòng hū huì zǐ yuē

耳[13]。然则厕足而垫之致黄泉[14]，人尚有用乎？"惠子曰：

wú yòng zhuāng zǐ yuē rán zé wú yòng zhī wéi yòng yě yì míng yǐ

"无用。"庄子曰："然则无用之为用也亦明矣。"

---

①"去汝"句：去掉你行为的矜持和容貌上显露的机智。去，抛弃。知同"智"。 ②蹙然：恭敬谨慎的样子。 ③业：学业。 ④伤：伤害，痛苦。骜：通"傲"，轻视。 ⑤窭：陋，不足。 ⑥亡：无。略：办法。弗及：不能达到。 ⑦惠以欢为：即以欢为惠，认为取悦于世就是好。 ⑧中民：中等的人。 ⑨引：抬举。 ⑩隐：私。 ⑪踌躇：从容自得。 ⑫载：背负。 ⑬容足：放得下脚的地方。 ⑭厕：通"侧"，旁边。致：通"至"，到达。

mù chè wéi míng　ěr chè wéi cōng　bí chè wéi shān　kǒu chè wéi gān　xīn chè
5. 目彻为明[1]，耳彻为聪，鼻彻为颤[2]，口彻为甘，心彻

wéi zhì　zhì chè wéi dé　fán dào bù yù yōng　yōng zé gěng　gěng ér bù zhǐ zé
为知，知彻为德。凡道不欲壅[3]，壅则哽[4]，哽而不止则

jiàn　jiàn zé zhòng hài shēng　wù zhī yǒu zhī zhě shì xī　qí bù yīn　fēi tiān zhī
跈[5]，跈则众害生。物之有知者恃息[6]，其不殷[7]，非天之

zuì　tiān zhī chuān zhī　rì yè wú jiàng　rén zé gù sè qí dòu　bāo yǒu chóng
罪。天之穿之[8]，日夜无降[9]，人则顾塞其窦[10]。胞有重

làng　xīn yǒu tiān yóu　shì wú kōng xū　zé fù gū bó xī　xīn wú tiān yóu　zé liù
阆[11]，心有天游[12]。室无空虚，则妇姑勃谿[13]；心无天游，则六

záo xiāng rǎng　dà lín qiū shān zhī shàn yú rén yě　yì shén zhě bù shèng
凿相攘[14]。大林丘山之善于人也，亦神者不胜[15]。

quán zhě suǒ yǐ zài yú　dé yú ér wàng quán　tí zhě suǒ yǐ zài tù
6. 荃者所以在鱼[16]，得鱼而忘荃[17]；蹄者所以在兔[18]，

dé tù ér wàng tí　yán zhě suǒ yǐ zài yì　dé yì ér wàng yán　wú ān dé fú wàng
得兔而忘蹄；言者所以在意，得意而忘言[19]。吾安得夫忘

yán zhī rén ér yǔ zhī yán zāi
言之人而与之言哉[20]！”

---

①彻：通透。②颤：通“膻”，鼻子灵敏，善于辨别气味。③壅：堵塞。④哽：本指食物阻塞喉咙，这里指气息不畅。⑤跈：践踏。⑥恃：依靠。息：呼吸。⑦殷：发达。⑧穿：通畅。⑨降：减退。⑩顾塞：梗塞。窦：孔窍。⑪阆：空隙，空旷。⑫天游：自然活动。⑬勃谿：争吵，矛盾。⑭攘：干扰，扰乱。⑮神者不胜：心神舒畅无比。⑯荃：通“筌”，鱼笱（gǒu），细竹篾编制的捕鱼工具。所以在鱼：目的是捉鱼。⑰得鱼而忘荃：得到了鱼便忘记了捕鱼的鱼笱。说明目的达到了，工具就不要了。⑱蹄：一种套兔子的工具。绳子做成活套，放上食物，兔子来吃时，就会被套住。⑲“言者”句：说话的目的在于表达思想，明确了思想却忘记了语言。⑳“吾安得”句：我到哪里才能找到一位忘言的人来和他谈论呢。作者认为只有“忘言之人”，才能和他谈论大道之言。

yù yán

寓言

（节选）

wǎng liǎng wèn yú yǐng yuē ruò xiàng yě fǔ ér jīn yě yǎng xiàng yě kuò cuō

罔两问于景曰[①]："若向也俯而今也仰[②]，向也括撮

ér jīn yě pī fà xiàng yě zuò ér jīn yě qǐ xiàng yě xíng ér jīn yě zhǐ hé yě

而今也被发[③]，向也坐而今也起，向也行而今也止，何也？"

yǐng yuē xiāo xiāo yě xī shāo wèn yě yú wéi ér bù zhī qí suǒ yǐ

景曰："搜搜也[④]，奚稍问也[⑤]！予有而不知其所以[⑥]。

yú tiáo jiǎ yě shé tuì yě sì zhī ér fēi yě huǒ yǔ rì wú tún yě yīn yǔ

予，蜩甲也[⑦]，蛇蜕也，似之而非也。火与日[⑧]，吾屯也；阴与

yè wú dài yě bǐ wú suǒ yǐ yǒu dài yé ér kuàng hū yǐ wú yǒu dài zhě hū

夜，吾代也[⑨]。彼吾所以有待邪[⑩]？而况乎以无有待者乎！

bǐ lái zé wǒ yǔ zhī lái bǐ wǎng zé wǒ yǔ zhī wǎng bǐ qiáng yáng zé wǒ yǔ zhī qiáng

彼来则我与之来，彼往则我与之往，彼强阳则我与之强

yáng qiáng yáng zhě yòu hé yǐ yǒu wèn hū

阳。强阳者又何以有问乎[⑪]！"

---

①罔两：影子边缘的淡薄阴影。景：同"影"。 ②若：你。向：往昔，先前。俯：俯身。 ③括撮：束发。被：通"披"，散发。 ④搜搜：无心运动的样子。 ⑤奚稍问也：哪里值得问呢？ ⑥"予有"句：我活动却不知为何如此。 ⑦蜩甲：蝉蜕的皮壳。 ⑧火与日：指火光和日光。屯：聚集。 ⑨代：谢，隐息，消失之意。 ⑩待：依赖。 ⑪"强阳"句：运动是一种自然的现象，又有什么好问的呢。强阳，运动的样子。

rànɡ wánɡ

让王

（节选）

yáo yǐ tiān xià rànɡ xǔ yóu xǔ yóu bù shòu yòu rànɡ yú zǐ zhōu zhī fǔ

1. 尧以天下让许由①，许由不受。又让于子州支父②，

zǐ zhōu zhī fǔ yuē yǐ wǒ wéi tiān zǐ yóu zhī kě yě suī rán wǒ shì yǒu yōu yōu

子州支父曰：“以我为天子，犹之可也。虽然，我适有幽忧

zhī bìnɡ fānɡ qiě zhì zhī wèi xiá zhì tiān xià yě fú tiān xià zhì zhònɡ yě ér bù yǐ

之病③，方且治之，未暇治天下也。”夫天下至重也，而不以

hài qí xìnɡ yòu kuànɡ tā wù hū wéi wú yǐ tiān xià wéi zhě kě yǐ tuō tiān

害其生，又况他物乎④！唯无以天下为者，可以托天

xià yě

下也⑤。

shùn rànɡ tiān xià yú zǐ zhōu zhī bó zǐ zhōu zhī bó yuē yú shì yǒu yōu yōu

舜让天下于子州支伯⑥。子州之伯曰：“予适有幽忧

zhī bìnɡ fānɡ qiě zhì zhī wèi xiá zhì tiān xià yě ɡù tiān xià dà qì yě ér bù yǐ yì

之病，方且治之，未暇治天下也。”故天下大器也，而不以易

xìnɡ cǐ yǒu dào zhě zhī suǒ yǐ yì hū sú zhě yě

生⑦，此有道者之所以异乎俗者也。

shùn yǐ tiān xià rànɡ shàn juǎn shàn juǎn yuē yú lì yú yǔ zhòu zhī zhōnɡ dōnɡ rì

舜以天下让善卷⑧，善卷曰：“余立于宇宙之中，冬日

---

①许由：尧时的隐士。②子州支父：姓子，名州，字支父。隐士。③适：刚刚。幽忧：隐忧。④“夫天”句：天下是最宝贵的，但是不会因为天下而损害心性，其他的事物就更没必要了。生通“性”，心性。⑤“唯无以”句：只有不以天下为自己所有所用的人，才可以把天下托付给他。⑥子州支伯：仍为子州支父。⑦易生：牺牲自己的心性。易，交换，换取。生通“性”。⑧善卷：姓善，名卷，隐士。

yì pí máo xià rì yì gé chī chūn gēng zhòng xíng zú yǐ láo dòng qiū shōu liǎn shēn zú
衣皮毛，夏日衣葛絺①；春耕种，形足以劳动；秋收敛，身足

yǐ xiū shí rì chū ér zuò rì rù ér xī xiāo yáo yú tiān dì zhī jiān ér xīn yì zì
以休食；日出而作，日入而息，逍遥于天地之间而心意自

dé wú hé yǐ tiān xià wéi zāi bēi fú zǐ zhī bù zhī yú yě suì bù shòu yú
得。吾何以天下为哉！悲夫，子之不知余也！”遂不受。于

shì qù ér rù shēn shān mò zhī qí chù
是去而入深山，莫知其处。

shùn yǐ tiān xià ràng qí yǒu shí hù zhī nóng shí hù zhī nóng yuē quán quán hū hòu
舜以天下让其友石户之农②，石户之农曰：“捲捲乎后

zhī wéi rén bǎo lì zhī shì yě yǐ shùn zhī dé wéi wèi zhì yě yú shì fū fù qī
之为人③，葆力之士也④！”以舜之德为未至也，于是夫负妻

dài xié zǐ yǐ rù yú hǎi zhōng shēn bù fǎn yě
戴⑤，携子以入于海⑥，终身不反也⑦。

hán wèi xiāng yǔ zhēng qīn dì zǐ huá zǐ jiàn zhāo xī hóu zhāo xī hóu yǒu
2. 韩魏相与争侵地。子华子见昭僖侯⑧，昭僖侯有

yōu sè zǐ huá zǐ yuē jīn shǐ tiān xià shū míng yú jūn zhī qián shū zhī yán yuē
忧色⑨。子华子曰：“今使天下书铭于君之前⑩，书之言曰：

zuǒ shǒu jué zhī zé yòu shǒu fèi yòu shǒu jué zhī zé zuǒ shǒu fèi rán ér jué zhī zhě bì
‘左手攫之则右手废⑪，右手攫之则左手废，然而攫之者必

yǒu tiān xià jūn néng jué zhī hū
有天下。’君能攫之乎？”

zhāo xī hóu yuē guǎ rén bù jué yě
昭僖侯曰：“寡人不攫也。”

①絺：细葛布做的衣服。②石户：地名。③捲捲：用力的样子。后：指对舜的称呼。④葆力：勤苦用力。⑤负：背着。戴：头顶着。⑥入于海：隐居到海上。⑦反：通“返”，返回。⑧子华子：魏国贤人。昭僖侯：韩国国君。⑨忧色：(因担心战败)有忧虑的神色。⑩铭：契约。⑪攫：取。废：被砍去。

zǐ huá zǐ yuē shèn shàn zì shì guān zhī liǎng bì zhòng yú tiān xià yě shēn
子华子曰："甚善！自是观之，两臂重于天下也，身

yòu zhòng yú liǎng bì hán zhī qīng yú tiān xià yì yuǎn yǐ jīn zhī suǒ zhēng zhě qí
又重于两臂。韩之轻于天下亦远矣①，今之所争者②，其

qīng yú hán yòu yuǎn jūn gù chóu shēn shāng shēng yǐ yōu qī zhī bù dé yě
轻于韩又远。君固愁身伤生以忧戚之不得也③！"

xī hóu yuē shàn zāi jiào guǎ rén zhě zhòng yǐ wèi cháng dé wén cǐ yán yě
僖侯曰："善哉！教寡人者众矣，未尝得闻此言也。"

zǐ huá zǐ kě wèi zhī qīng zhòng yǐ
子华子可谓知轻重矣。

zǐ liè zǐ qióng róng mào yǒu jī sè kè yǒu yán zhī yú zhèng zǐ yáng zhě
3. 子列子穷④，容貌有饥色。客有言之于郑子阳者

yuē liè yù kòu gài yǒu dào zhī shì yě jū jūn zhī guó ér qióng jūn wú nǎi wéi bù
曰⑤："列御寇，盖有道之士也，居君之国而穷，君无乃为不

hào shì hū zhèng zǐ yáng jí lìng guān wèi zhī sù zǐ liè zǐ jiàn shǐ zhě zài bài
好士乎⑥？"郑子阳即令官遗之粟⑦。子列子见使者，再拜

ér cí
而辞⑧。

shǐ zhě qù zǐ liè zǐ rù qí qī wàng zhī ér fǔ xīn yuē qiè wén wéi yǒu
使者去，子列子入，其妻望之而拊心曰⑨："妾闻为有

dào zhě zhī qī zǐ jiē dé yì lè jīn yǒu jī sè jūn guò ér wèi xiān shēng shí
道者之妻子，皆得佚乐⑩，今有饥色。君过而遗先生食⑪，

xiān shēng bù shòu qǐ bù mìng yé
先生不受，岂不命邪⑫！"

---

①"韩之"句：韩国只是天下中的一小块，所以比天下轻。②所争者：两国相争抢的地方，不过是韩国与魏国相接邻的一小块地方。③固：乃。不得：得不到所争夺的土地。④列子：列御寇，郑国人，道家著名代表人物。⑤子阳：郑国的宰相。⑥好士：重视人才。⑦遗：赠送，给。⑧辞：辞谢，婉言拒绝。⑨拊心：抚着胸。⑩佚乐：安逸享乐。佚通"逸"。⑪过：知遇，过问关心。⑫岂不命邪：难道不是命里注定吗？意思是别人赠送的都不要，那就该一直这么穷困下去了。

zǐ liè zǐ xiào wèi zhī yuē jūn fēi zì zhī wǒ yě yǐ rén zhī yán ér wèi wǒ

子列子笑谓之曰:“君非自知我也。以人之言而遗我

sù zhì qí zuì wǒ yě yòu qiě yǐ rén zhī yán cǐ wú suǒ yǐ bù shòu yě qí zú

粟,至其罪我也又且以人之言①,此吾所以不受也。”其卒,

mín guǒ zuò nàn ér shā zǐ yáng

民果作难而杀子阳②。

chǔ zhāo wáng shī guó tú yáng yuè zǒu ér cóng yú zhāo wáng zhāo wáng fǎn

4. 楚昭王失国③,屠羊说走而从于昭王④。昭王反

guó jiāng shǎng cóng zhě jí tú yáng yuè tú yáng yuè yuē dà wáng shī guó yuè shī

国,将赏从者,及屠羊说⑤。屠羊说曰:“大王失国,说失

tú yáng dà wáng fǎn guó yuè yì fǎn tú yáng chén zhī jué lù yǐ fù yǐ yòu hé

屠羊⑥;大王反国,说亦反屠羊。臣之爵禄已复矣⑦,又何

shǎng zhī yǒu zāi wáng yuē qiǎng zhī

赏之有哉!”王曰:“强之⑧!”

tú yáng yuè yuē dà wáng shī guó fēi chén zhī zuì gù bù gǎn fú qí zhū dà

屠羊说曰:“大王失国,非臣之罪,故不敢伏其诛⑨;大

wáng fǎn guó fēi chén zhī gōng gù bù gǎn dāng qí shǎng

王反国,非臣之功,故不敢当其赏。”

wáng yuē jiàn zhī

王曰:“见之⑩!”

tú yáng yuè yuē chǔ guó zhī fǎ bì yǒu zhòng shǎng dà gōng ér hòu dé jiàn jīn

屠羊说曰:“楚国之法,必有重赏大功而后得见,今

chén zhī zhì bù zú yǐ cún guó ér yǒng bù zú yǐ sǐ kòu wú jūn rù yǐng yuè wèi nàn

臣之知不足以存国而勇不足以死寇⑪。吴军入郢,说畏难

①罪:动词,加罪,治罪。以:因,根据。②作难:造反。③楚昭王:名轸,楚平王之子。伍奢、伍尚被楚平王诛戮后,伍奢的儿子、伍尚的弟弟伍子胥逃奔吴国,得到吴王阖闾的重用,任为将。吴伐楚,攻破楚都郢。楚昭王于是逃跑到随地,后来又去了郑国。④屠羊说:杀羊的人,名说。⑤及:到。⑥失:失去了(杀羊的工作)。⑦复:恢复。⑧强之:强令其受赏。⑨伏其诛:甘心被杀。⑩见:召见。⑪死寇:使敌人死,指消灭敌人。

ér bì kòu fēi gù suí dà wáng yě jīn dà wáng yù fèi fǎ huǐ yuē ér jiàn yuè cǐ
而避寇,非故随大王也①。今大王欲废法毁约而见说②,此

fēi chén zhī suǒ yǐ wén yú tiān xià yě
非臣之所以闻于天下也。”

wáng wèi sī mǎ zǐ qí yuē tú yáng yuè jū chǔ bēi jiàn ér chén yì shèn gāo zǐ
王谓司马子綦曰③:“屠羊说居处卑贱而陈义甚高,子

qí wèi wǒ yán zhī yǐ sān jīng zhī wèi
其为我延之以三旌之位④。”

tú yáng yuè yuē fú sān jīng zhī wèi wú zhī qí guì yú tú yáng zhī sì yě
屠羊说曰:“夫三旌之位,吾知其贵于屠羊之肆也⑤;

wàn zhōng zhī lù wú zhī qí fù yú tú yáng zhī lì yě rán qǐ kě yǐ tān jué lù ér shǐ
万钟之禄,吾知其富于屠羊之利也;然岂可以贪爵禄而使

wú jūn yǒu wàng shī zhī míng hū yuè bù gǎn dāng yuàn fù fǎn wú tú yáng zhī sì
吾君有妄施之名乎⑥!说不敢当,愿复反吾屠羊之肆⑦。”

suì bù shòu yě
遂不受也。

yuán xiàn jū lǔ huán dǔ zhī shì cí yǐ shēng cǎo péng hù bù wán sāng yǐ
5. 原宪居鲁⑧,环堵之室⑨,茨以生草⑩;蓬户不完⑪,桑以

wéi shū ér wèng yǒu èr shì hè yǐ wéi sāi shàng lòu xià shī kuāng zuò ér xián gē
为枢⑫;而瓮牖二室⑬,褐以为塞⑭;上漏下湿,匡坐而弦歌⑮。

zǐ gòng chéng dà mǎ zhōng gàn ér biǎo sù xuān chē bù róng xiàng wǎng jiàn
子贡乘大马⑯,中绀而表素⑰,轩车不容巷⑱,往见

---

①故:故意。随:追随。 ②废法毁约:指不按照楚国的法令条约处理。法,法令。约,军律。 ③司马子綦:楚国将军。 ④三旌之位:三公的爵位。 ⑤肆:市场,买卖。 ⑥妄施:妄加恩赐爵位。 ⑦复:再。 ⑧原宪:孔子弟子,姓原,名思,字宪。 ⑨环堵:四周各一丈,即方丈之室,形容房间很小。堵,一丈之墙称为堵。 ⑩茨:以茅或苇覆盖房顶。生草:新生未干的草。 ⑪蓬户:用蓬草织成的门户。 ⑫桑以为枢:用桑条做门的转轴。 ⑬瓮牖:用破缺缸做窗口。二室:将房间分隔成两部分,夫妻各一。 ⑭褐以为塞:用粗布破衣来堵塞漏洞。褐,粗布衣。 ⑮匡:正。弦歌:弹奏唱歌。 ⑯子贡:孔子弟子,名赐。 ⑰中绀:里边的衣服是微带红的青色。绀,微带红的黑色。表素:外边的衣服是白色。 ⑱轩车:古代大夫以上所乘的车。

yuán xiàn yuán xiàn huà guān xǐ lǚ zhàng lí ér yìng mén zǐ gòng yuē xī xiān
原宪。原宪华冠縰履[①]，杖藜而应门[②]。子贡曰：“嘻！先

shēng hé bìng yuán xiàn yìng zhī yuē xiàn wén zhī wú cái wèi zhī pín xué dào ér bù néng
生何病？”原宪应之曰：“宪闻之，无财谓之贫，学道而不能

xíng wèi zhī bìng jīn xiàn pín yě fēi bìng yě zǐ gòng qūn xún ér yǒu kuì sè
行谓之病。今宪，贫也，非病也。”子贡逡巡而有愧色[③]。

yuán xiàn xiào yuē fú xī shì ér xíng bǐ zhōu ér yǒu xué yǐ wèi rén jiào yǐ wèi
原宪笑曰：“夫希世而行[④]，比周而友[⑤]，学以为人，教以为

jǐ rén yì zhī tè yú mǎ zhī shì xiàn bù rěn wéi yě
己，仁义之慝[⑥]，舆马之饰[⑦]，宪不忍为也。”

zēng zǐ jū wèi yùn páo wú biǎo yán sè zhǒng kuò shǒu zú pián zhī
6. 曾子居卫[⑧]，缊袍无表[⑨]，颜色肿哙[⑩]，手足胼胝[⑪]。

sān rì bù jǔ huǒ shí nián bù zhì yī zhèng guān ér yīng jué zhuō jīn ér zhǒu xiàn
三日不举火[⑫]，十年不制衣，正冠而缨绝[⑬]，捉襟而肘见[⑭]，

nà jù ér zhǒng jué yè xǐ ér gē shāng sòng shēng mǎn tiān dì ruò chū jīn
纳屦而踵决[⑮]。曳縰而歌《商颂》[⑯]，声满天地[⑰]，若出金

shí tiān zǐ bù dé chén zhū hóu bù dé yǒu gù yǎng zhì zhě wàng xíng yǎng xíng zhě
石[⑱]。天子不得臣，诸侯不得友。故养志者忘形，养形者

wàng lì zhì dào zhě wàng xīn yǐ
忘利，致道者忘心矣。

zhōng shān gōng zǐ móu wèi zhān zǐ yuē shēn zài jiāng hǎi zhī shàng xīn jū hū
7. 中山公子牟谓瞻子曰[⑲]：“身在江海之上，心居乎

---

①华冠：华木皮做的帽子。縰履：无跟的鞋。 ②杖藜：撑着藜木做的手杖。应门：应声开门。 ③逡巡：退避，退步。 ④希：望。 ⑤比周：亲近而合得来。 ⑥慝：邪恶。 ⑦饰：修饰，装饰。 ⑧曾子：姓曾，名参，字子舆，孔子弟子。 ⑨缊袍：用新旧混杂的棉絮做的袍子。无表：没有表层，犹指表层破烂。 ⑩肿哙：浮肿。 ⑪胼胝：手掌脚底因长期劳动摩擦而生的茧子。 ⑫举火：生火做饭。 ⑬正：整理。缨：绳子。 ⑭“捉襟”句：衣袖破烂，一拉衣襟肘就露出来了。见：通“现”，出现，露出来。 ⑮纳屦：提鞋。踵决：鞋跟裂开。能够看出鞋的破烂程度。 ⑯曳：拖。 ⑰声满天地：歌声充满天空和大地。 ⑱若出金石：像金石声般铿锵。 ⑲中山公子牟：魏公子名牟，封地在中山，故称中山公子。瞻子：魏国贤人。

wèi què zhī xià nài hé zhān zǐ yuē zhòng shēng zhòng shēng zé qīng lì zhōng
魏阙之下,奈何[1]?”瞻子曰:“重生[2]。重生则轻利。”中

shān gōng zǐ móu yuē suī zhī zhī wèi néng zì shèng yě zhān zǐ yuē bù néng zì
山公子牟曰:“虽知之,未能自胜也[3]。”瞻子曰:“不能自

shèng zé zòng zhī shén wú wù hū bù néng zì shèng ér qiǎng bù zòng zhě cǐ zhī wèi
胜则从之,神无恶乎[4]?不能自胜而强不从者,此之谓

chóng shāng chóng shāng zhī rén wú shòu lèi yǐ wèi móu wàn shèng zhī gōng zǐ
重伤[5]。重伤之人,无寿类矣[6]。”魏牟,万乘之公子

yě qí yǐn yán xué yě nán wéi yú bù yī zhī shì suī wèi zhì hū dào kě wèi yǒu
也[7],其隐岩穴也[8],难为于布衣之士[9];虽未至乎道,可谓有

qí yì yǐ
其意矣!

kǒng zǐ qióng yú chén cài zhī jiān qī rì bù huǒ shí lí gēng bù sǎn
8. 孔子穷于陈蔡之间[10],七日不火食[11],藜羹不糁[12],

yán sè shèn bèi ér yóu xián gē yú shì yán huí zhái cài yú wài zǐ lù zǐ gòng xiāng yǔ
颜色甚惫,而犹弦歌于室。颜回择菜于外,子路子贡相与

yán yuē fū zǐ zài zhú yú lǔ xuē jì yú wèi fá shù yú sòng qióng yú shāng
言曰:“夫子再逐于鲁,削迹于卫[13],伐树于宋[14],穷于商

zhōu wéi yú chén cài shā fū zǐ zhě wú zuì jí fū zǐ zhě wú jìn xián gē gǔ
周[15],围于陈蔡[16],杀夫子者无罪,藉夫子者无禁[17]。弦歌鼓

---

①“身在”句:虽然身体漂泊在江湖上,但是心里还在留恋着宫廷生活,怎么办呢?指怎么才能克服这种身心不一致的矛盾呢。魏阙,宫殿的门,荣华富贵的象征。 ②重生:重视生命。 ③自胜:自己把握自己。 ④从:通“纵”,放任,随便。恶:厌恶。 ⑤“不能”句:不能自己掌握自己而强迫自己不放任,这就叫重伤。重伤,再一次的伤害。 ⑥无寿类:属于不能长寿的类型。 ⑦万乘:有上万辆的战车,指代大国。 ⑧隐岩穴:指隐居。 ⑨难为于布衣之士:作为一个公子来说,能够决心做个布衣之士是不容易的。 ⑩穷:困围。 ⑪火食:生火做饭。 ⑫藜羹不糁:所煮的野菜羹里连米粒都没有。藜,野菜。糁,米粒。 ⑬削迹:绝迹,表示再也不去。孔子曾在卫国做官,后怕被人谋害,于是转去陈国,结果在匡地被困,后来才设法走掉。 ⑭伐树于宋:孔子曾游说宋国,在宋国一棵大树下讲学。宋司马桓魋想杀孔子而不得,孔子离去后,司马桓魋把他讲学之处的大树也砍掉。 ⑮穷于商周:孔子曾到周问礼访乐,不但毫无收获,反而被老子讥讽一番,困顿而返。穷,不得志。 ⑯围于陈蔡:孔子曾住在陈国、蔡国,与其大夫政见不合。后楚昭王招他去楚国,陈、蔡大夫怕他到楚国,不利于陈、蔡,所以把他围困了七天。 ⑰藉:凌辱。无禁:没有被禁止。

qín wèi cháng jué yīn jūn zǐ zhī wú chǐ yě ruò cǐ hū yán huí wú yǐ yìng rù gào
琴，未尝绝音，君子之无耻也若此乎?”颜回无以应，入告

kǒng zǐ kǒng zǐ tuī qín kuì rán ér tàn yuē yóu yǔ cì xì rén yě zhào ér
孔子。孔子推琴喟然而叹曰：“由与赐，细人也①。召而

lái wú yù zhī zǐ lù zǐ gòng rù zǐ lù yuē rú cǐ zhě kě wèi qióng yǐ
来，吾语之。”子路子贡入。子路曰：“如此者可谓穷矣!”

kǒng zǐ yuē shì hé yán yě jūn zǐ tōng yú dào zhī wèi tōng qióng yú dào zhī wèi qióng
孔子曰：“是何言也！君子通于道之谓通，穷于道之谓穷。

jīn qiū bào rén yì zhī dào yǐ zāo luàn shì zhī huàn qí hé qióng zhī wéi gù nèi xǐng ér
今丘抱仁义之道以遭乱世之患，其何穷之为！故内省而

bù jiù yú dào lín nàn ér bù shī qí dé dà hán jì zhì shuāng xuě jì jiàng wú shì
不疚于道②，临难而不失其德，大寒既至，霜雪既降，吾是

yǐ zhī sōng bǎi zhī mào yě chén cài zhī ài yú qiū qí xìng hū kǒng zǐ xiāo rán fǎn
以知松柏之茂也。陈蔡之隘③，于丘其幸乎!”孔子削然反

qín ér xián gē zǐ lù qì rán zhí gān ér wǔ zǐ gòng yuē wú bù zhī tiān zhī gāo
琴而弦歌④，子路扢然执干而舞⑤。子贡曰：“吾不知天之高

yě dì zhī xià yě gǔ zhī dé dào zhě qióng yì lè tōng yì lè suǒ lè fēi qióng
也，地之下也。”古之得道者，穷亦乐，通亦乐。所乐非穷

tōng yě dào dé yú cǐ zé qióng tōng wéi hán shǔ fēng yǔ zhī xù yǐ gù xǔ yóu yú
通也，道德于此，则穷通为寒暑风雨之序矣⑥。故许由娱

yú yǐng yáng ér gòng bó dé zhì hū qiū shǒu
于颍阳而共伯得志乎丘首⑦。

---

①细人：细碎的人，指没有见识的小人。②内省：自我反省。不疚于道：所以内心反省而不愧疚于道。③隘：穷困、窘迫。④削然：安详的样子。⑤扢然：喜悦的样子。⑥序：按照顺序变化。⑦颍阳：地名。共伯：名和，周王之孙，食封于共地。周厉王被推翻时，诸侯认为共伯贤能，推举为王，在位十四年，后天下大旱，占卜认为是厉王作祟，于是共伯退位，居于丘首山，逍遥自得。

dào zhí

盗跖

（节选）

kǒng zǐ yǔ liǔ xià jì wéi yǒu liǔ xià jì zhī dì míng yuē dào zhí dào
1. 孔子与柳下季为友[①]，柳下季之弟，名曰盗跖[②]。盗
zhí cóng zú jiǔ qiān rén héng xíng tiān xià qīn bào zhū hóu xué shì shū hù qū rén niú
跖从卒九千人[③]，横行天下，侵暴诸侯，穴室枢户[④]，驱人牛
mǎ qǔ rén fù nǚ tān dé wàng qīn bù gù fù mǔ xiōng dì bù jì xiān zǔ suǒ guò
马，取人妇女，贪得忘亲，不顾父母兄弟，不祭先祖。所过
zhī yì dà guó shǒu chéng xiǎo guó rù bǎo wàn mín kǔ zhī
之邑，大国守城，小国入保[⑤]，万民苦之[⑥]。

kǒng zǐ wèi liǔ xià jì yuē fú wéi rén fù zhě bì néng zhào qí zǐ wéi rén
孔子谓柳下季曰：“夫为人父者，必能诏其子[⑦]；为人
xiōng zhě bì néng jiào qí dì ruò fù bù néng zhào qí zǐ xiōng bù néng jiào qí dì zé
兄者，必能教其弟。若父不能诏其子，兄不能教其弟，则
wú guì fù zǐ xiōng dì zhī qīn yǐ jīn xiān shēng shì zhī cái shì yě dì wéi dào zhí
无贵父子兄弟之亲矣[⑧]。今先生，世之才士也，弟为盗跖，
wéi tiān xià hài ér fú néng jiào yě qiū qiè wèi xiān shēng xiū zhī qiū qǐng wèi xiān shēng
为天下害，而弗能教也，丘窃为先生羞之[⑨]。丘请为先生

①柳下季：鲁国大夫，姓展，名获，字季禽，食邑柳下，谥号为惠，故又称柳下惠。根据《左传》，展禽是鲁僖公时人，到孔子生时就已经是八十岁了，如果到子路死，就已经一百五六十岁了。所以这里说孔子和展禽是好朋友的说法，是假设之辞。 ②盗跖：古代的大盗。历史上确实有这样一个人，但是他生活的年代却没有确定。 ③从卒：跟随盗跖的兵士。 ④穴：动词，穿破进入。枢：门轴。户：门。 ⑤小国入保：小国家的统治者龟缩在城堡里不出来，以求自保。保通“堡”，城堡。 ⑥苦之：以之为苦，因为这个（指盗跖的抢掠）而痛苦。 ⑦诏：教诲、教导。 ⑧贵：以……为贵。 ⑨窃：偷偷地，私下里。羞之：为之感到羞愧。

wǎng shuì zhī
往说之[1]。”

liǔ xià jì yuē xiān shēng yán wéi rén fù zhě bì néng zhào qí zǐ wéi rén xiōng zhě
柳下季曰:“先生言为人父者必能诏其子,为人兄者

bì néng jiào qí dì ruò zǐ bù tīng fù zhī zhào dì bù shòu xiōng zhī jiào suī jīn xiān shēng
必能教其弟,若子不听父之诏,弟不受兄之教,虽今先生

zhī biàn jiāng nài zhī hé zāi qiě zhí zhī wéi rén yě xīn rú yǒng quán yì rú piāo
之辩,将奈之何哉!且跖之为人也,心如涌泉[2],意如飘

fēng qiáng zú yǐ jù dí biàn zú yǐ shì fēi shùn qí xīn zé xǐ nì qí xīn zé
风[3],强足以距敌[4],辩足以饰非[5],顺其心则喜,逆其心则

nù yì rǔ rén yǐ yán xiān shēng bì wú wǎng kǒng zǐ bù tīng yán huí wéi
怒[6],易辱人以言[7]。先生必无往。”孔子不听,颜回为

yù zǐ gòng wéi yòu wǎng jiàn dào zhí
驭[8],子贡为右[9],往见盗跖。

dào zhí nǎi fāng xiū zú tú yú tài shān zhī yáng kuài rén gān ér bū zhī kǒng
盗跖乃方休卒徒于太山之阳[10],脍人肝而铺之[11]。孔

zǐ xià chē ér qián jiàn yè zhě yuē lǔ rén kǒng qiū wén jiāng jūn gāo yì jìng zài
子下车而前,见谒者曰[12]:“鲁人孔丘,闻将军高义[13],敬再

bài yè zhě
拜谒者[14]。”

yè zhě rù tōng dào zhí wén zhī dà nù mù rú míng xīng fà shàng zhǐ guān
谒者入通,盗跖闻之大怒,目如明星[15],发上指冠[16],

①说:说服(盗跖改邪归正)。②涌泉:心思像涌动的泉水源源不断。③飘风:暴风,像暴风一样难以臆测,即心思难猜。④距:通“拒”,抗拒,抗击。⑤辩:口才。饰:掩饰,掩盖。非:错误,不足。⑥逆:违背。⑦“易辱”句:轻易地就能用语言侮辱人。⑧颜回:姓颜名回,字子渊,鲁国人,孔子最得意的弟子。驭:驾车。⑨子贡:姓端木,名赐,字子贡,卫国人,孔子弟子。右:骖右,陪乘的人。古代乘车,尊者居左,驾车人居中,陪坐的人居右为侍从。⑩方:正在。休:休息。卒徒:士兵。太山:即泰山。阳:山的南边为阳。⑪脍:细切,或泛指切割。铺:吃。⑫谒者:接待宾客、传达命令的官或侍从。⑬将军:对盗跖的尊称。高义:行为高尚合于道义。⑭再拜:拜了又拜。⑮明星:闪亮的星星。⑯发上指冠:头发竖起来把帽子撑住了,形容人发怒的样子。

yuē cǐ fú lǔ guó zhī qiǎo wěi rén kǒng qiū fēi yé wèi wǒ gào zhī ěr zuò yán zào
曰：“此夫鲁国之巧伪人孔丘非邪[1]？为我告之：‘尔作言造

yǔ wàng chēng wén wǔ guàn zhī mù zhī guān dài sǐ niú zhī xié duō cí miù shuō
语，妄称文武，冠枝木之冠[2]，带死牛之胁[3]，多辞缪说[4]，

bù gēng ér shí bù zhī ér yī yáo chún gǔ shé shàn shēng shì fēi yǐ mí tiān xià zhī
不耕而食，不织而衣，摇唇鼓舌[5]，擅生是非[6]，以迷天下之

zhǔ shǐ tiān xià xué shì bù fǎn qí běn wàng zuò xiào tì ér jiǎo xìng yú fēng hóu fù guì
主，使天下学士不反其本[7]，妄作孝弟而侥幸于封侯富贵

zhě yě zǐ zhī zuì dà jí zhòng jí zǒu guī bù rán wǒ jiāng yǐ zǐ gān yì zhòu
者也[8]。子之罪大极重，疾走归[9]！不然，我将以子肝益昼

bū zhī shàn
餔之膳[10]！’”

kǒng zǐ fù tōng yuē qiū dé xìng yú jì yuàn wàng lǚ mù xià yè zhě fù
孔子复通曰[11]：“丘得幸于季[12]，愿望履幕下[13]。”谒者复

tōng dào zhí yuē shǐ lái qián kǒng zǐ qū ér jìn bì xí fǎn zǒu zài bài dào zhí
通，盗跖曰：使来前！”孔子趋而进[14]，避席反走[15]，再拜盗跖。

dào zhí dà nù liǎng zhǎn qí zú àn jiàn chēn mù shēng rú rǔ hǔ yuē qiū lái
盗跖大怒，两展其足[16]，案剑瞋目[17]，声如乳虎[18]，曰：“丘来

qián ruò suǒ yán shùn wú yì zé shēng nì wú xīn zé sǐ
前！若所言[19]，顺吾意则生，逆吾心则死。”

kǒng zǐ yuē qiū wén zhī fán tiān xià yǒu sān dé shēng ér cháng dà měi hǎo
孔子曰：“丘闻之，凡天下有三德：生而长大[20]，美好

---

①巧：巧言善辩。伪：虚伪。②冠：戴着，动词。枝木之冠：装饰华丽，像树枝一样的帽子。③带：用作动词，指佩戴皮带。胁：身躯两侧自腋下至腰上的部分，这里指牛皮。皮带多用牛的胁皮做，所以称为死牛之胁。④多辞：啰啰嗦嗦。缪说：胡言乱语。缪通“谬”，错误。⑤摇唇鼓舌：逞口才进行游说或煽动。⑥擅生是非：专门造谣生是非。擅，专门。⑦反：通“返”，返归。本：本性。⑧弟：通“悌”。⑨“子之”句：你的罪孽深重，还不赶快回去。极：当作殛，诛也。疾：迅速，马上。⑩子：你。益：增加。昼：白天。膳：饭食。⑪复：又一次，再次。⑫得幸：得到善待，即成为好朋友。幸，亲近。⑬望履幕下：在帐幕之下望见你的鞋，即希望能够得到你的接见。⑭趋：小步快走，表示尊重。⑮避席：离开座位站起来，表示敬意。反走：向后退着走，表示敬意。⑯两展其足：伸着两只脚。⑰案：通“按”，指手握着剑。瞋目：瞪大眼睛，怒目而视。⑱乳虎：哺乳期间的雌虎，很凶猛。⑲若：你。⑳长大：身材高大魁梧。

wú shuāng shào zhǎng guì jiàn jiàn ér jiē yuè zhī cǐ shàng dé yě zhì wéi tiān dì néng
无双，少长贵贱见而皆说之[①]，此上德也；知维天地[②]，能

biàn zhū wù cǐ zhōng dé yě yǒng hàn guǒ gǎn jù zhòng shuài bīng cǐ xià dé yě
辩诸物[③]，此中德也；勇悍果敢，聚众率兵[④]，此下德也。

fán rén yǒu cǐ yī dé zhě zú yǐ nán miàn chēng gū yǐ jīn jiāng jūn jiān cǐ sān zhě
凡人有此一德者，足以南面称孤矣[⑤]。今将军兼此三者，

shēn cháng bā chǐ èr cùn miàn mù yǒu guāng chún rú jiào dān chǐ rú qí bèi yīn zhòng
身长八尺二寸，面目有光，唇如激丹[⑥]，齿如齐贝[⑦]，音中

huáng zhōng ér míng yuē dào zhí qiū qiè wèi jiāng jūn chǐ bù qǔ yān jiāng jūn yǒu yì
黄钟[⑧]，而名曰盗跖，丘窃为将军耻不取焉[⑨]。将军有意

tīng chén chén qǐng nán shǐ wú yuè běi shǐ qí lǔ dōng shǐ sòng wèi xī shǐ jìn chǔ shǐ
听臣，臣请南使吴越，北使齐鲁，东使宋卫，西使晋楚，使

wèi jiāng jūn zào dà chéng shù bǎi lǐ lì shù shí wàn hù zhī yì zūn jiāng jūn wéi zhū
为将军造大城数百里，立数十万户之邑[⑩]，尊将军为诸

hóu yǔ tiān xià gēng shǐ bà bīng xiū zú shōu yǎng kūn dì gòng jì xiān zǔ cǐ
侯，与天下更始[⑪]，罢兵休卒[⑫]，收养昆弟[⑬]，共祭先祖。此

shèng rén cái shì zhī xíng ér tiān xià zhī yuàn yě
圣人才士之行，而天下之愿也。”

dào zhí dà nù yuē qiū lái qián fú kě guī yǐ lì ér kě jiàn yǐ yán zhě
盗跖大怒曰：“丘来前！夫可规以利而可谏以言者[⑭]，

jiē yú lòu héng mín zhī wèi ěr jīn cháng dà měi hǎo rén jiàn ér yuè zhī zhě cǐ wú
皆愚陋恒民之谓耳[⑮]。今长大美好，人见而悦之者，此吾

①说：通“悦”，高兴，愉悦。②知维天地：知识渊博，包罗天地。知通“智”。维，包罗，连接。③辩：通“辨”，分辨。④聚：聚集。⑤孤：国君的谦称。⑥激丹：鲜红纯净的朱砂。激，鲜艳明亮。⑦齐贝：排列整齐的珠贝。⑧中：合。黄钟：六律之一，六律的名称分别是黄钟、太簇、姑洗、蕤（ruí）宾、无射、夹钟。黄钟的声调最宏大响亮。⑨窃：私下里。耻：以……为耻。⑩“使为”句：按照周朝的制度，规定王城方圆九里。战国时最大的城市仅有七万户。这里说“大城数百里”、“十万户”人口，都是夸张的说法，不足信。邑：封邑。⑪更始：更除旧怨，开启新篇。⑫罢兵休卒：停止战争，让兵士休息。⑬昆：兄长。⑭规：规劝，劝导。谏：谏诤。⑮愚陋：愚蠢鄙陋。恒民：普通百姓。

fù mǔ zhī yí dé yě　qiū suī bù wú yù　wú dú bù zì zhī yé　qiě wú wén
父母之遗德也[1]。丘虽不吾誉[2]，吾独不自知邪？且吾闻

zhī hào miàn yù rén zhě　yì hào bèi ér huǐ zhī　jīn qiū gào wǒ yǐ dà chéng zhòng
之，好面誉人者，亦好背而毁之[3]。今丘告我以大城众

mín shì yù guī wǒ yǐ lì ér héng mín xù wǒ yě　ān kě jiǔ cháng yě　chéng zhī dà
民，是欲规我以利而恒民畜我也[4]，安可久长也！城之大

zhě mò dà hū tiān xià yǐ　yáo shùn yǒu tiān xià　zǐ sūn wú zhì zhuī zhī dì　tāng wǔ
者，莫大乎天下矣。尧舜有天下，子孙无置锥之地[5]；汤武

lì wéi tiān zǐ　ér hòu shì jué miè　fēi yǐ qí lì dà gù yé　qiě wú wén zhī　gǔ zhě
立为天子，而后世绝灭；非以其利大故邪？且吾闻之，古者

qín shòu duō ér rén shǎo　yú shì mín jiē cháo jū yǐ bì zhī　zhòu shí xiàng lì　mù qī mù
禽兽多而人少，于是民皆巢居以避之[6]，昼拾橡栗，暮栖木

shàng　gù mìng zhī yuē yǒu cháo shì zhī mín　gǔ zhě mín bù zhī yì fú　xià duō jī
上[7]，故命之曰有巢氏之民。古者民不知衣服[8]，夏多积

xīn dōng zé yáng zhī　gù mìng zhī yuē zhī shēng zhī mín　shén nóng zhī shì　wò zé jū
薪，冬则炀之[9]，故命之曰知生之民。神农之世，卧则居

jū　qǐ zé yú yú　mín zhī qí mǔ　bù zhī qí fù　yǔ mí lù gòng chǔ　gēng ér
居[10]，起则于于[11]，民知其母，不知其父，与麋鹿共处[12]，耕而

shí　zhī ér yī　wú yǒu xiāng hài zhī xīn　cǐ zhì dé zhī lóng yě　rán ér huáng dì
食，织而衣，无有相害之心，此至德之隆也[13]。然而黄帝

bù néng zhì dé　yǔ chī yóu zhàn yú zhuō lù zhī yě　liú xuè bǎi lǐ　yáo shùn zuò
不能致德[14]，与蚩尤战于涿鹿之野[15]，流血百里。尧舜作[16]，

---

①遗德：遗留下来的品性。②誉：称赞，赞美。③背：背后。毁：毁谤，说坏话。④畜：对待。⑤置锥之地：放置椎尖的地方，形容地方小到极点。⑥巢居：在树上筑巢居住。⑦暮栖木上：晚上居住在树上（以躲避野兽）。木，树。⑧衣服：穿衣服。衣，动词，穿。⑨炀：烧火取暖。⑩居居：安静的样子。⑪于于：闲适自得的样子。⑫共：一同。⑬至德之隆：道德的最高境界。隆，盛。⑭黄帝：传说中古帝名，即轩辕氏。致德：达到德的最高境界。⑮蚩尤：原始部落首领之一。约在4600多年以前，黄帝战胜炎帝后，在今河北涿鹿县境内，展开了与蚩尤部落的战争——涿鹿之战，蚩尤战死，东夷、九黎等部族融入了炎黄部族，形成了今天中华民族的最早主体。涿鹿：山名，在今河北省涿县。⑯作：兴起，指称帝。

lì qún chén tāng fàng qí zhǔ wǔ wáng shā zhòu zì shì zhī hòu yǐ qiáng líng
立群臣①，汤放其主②，武王杀纣③。自是之后，以强陵

ruò yǐ zhòng bào guǎ tāng wǔ yǐ lái jiē luàn rén zhī tú yě jīn zǐ xiū wén wǔ
弱④，以众暴寡⑤。汤武以来，皆乱人之徒也。今子修文武

zhī dào zhǎng tiān xià zhī biàn yǐ jiào hòu shì féng yī qiǎn dài jiǎo yán wěi xíng yǐ
之道⑥，掌天下之辩，以教后世，缝衣浅带⑦，矫言伪行⑧，以

mí huò tiān xià zhī zhǔ ér yù qiú fù guì yān dào mò dà yú zǐ tiān xià hé gù bù
迷惑天下之主，而欲求富贵焉，盗莫大于子⑨。天下何故不

wèi zǐ wéi dào qiū ér nǎi wèi wǒ wéi dào zhí zǐ yǐ gān cí yuè zǐ lù ér shǐ cóng
谓子为盗丘，而乃谓我为盗跖？子以甘辞说子路而使从

zhī shǐ zǐ lù qù qí wēi guān jiě qí cháng jiàn ér shòu jiào yú zǐ tiān xià jiē yuē
之⑩，使子路去其危冠⑪，解其长剑，而受教于子，天下皆曰

kǒng qiū néng zhǐ bào jìn fēi qí zú zhī yě zǐ lù yù shā wèi jūn ér shì bù chéng
孔丘能止暴禁非。其卒之也，子路欲杀卫君而事不成⑫，

shēn zū yú wèi dōng mén zhī shàng zǐ jiào zǐ lù zū cǐ huàn shàng wú yǐ wéi shēn xià
身菹于卫东门之上⑬，子教子路菹此患⑭，上无以为身，下

wú yǐ wéi rén shì zǐ jiào zhī bù zhì yě zǐ zì wèi cái shì shèng rén yé zé zài
无以为人，是子教之不至也。子自谓才士圣人邪？则再

---

①立：设立。 ②汤放其主：商汤起兵讨伐夏桀王，夏桀流窜到南巢，如同被流放了。放，流放。其主，指夏桀。 ③纣：商代最后一个君主纣王，暴虐无道，武王攻杀纣王，建立周朝，纣烧死在鹿台上。 ④陵：通“凌”，欺凌。 ⑤众：多。暴：侵害。 ⑥修：研究，学习。文武之道：周文王、周武王的政治礼制。 ⑦缝衣：宽大的衣服。缝，通“逢”，大。浅带：博带，宽而长的腰带。 ⑧矫言伪行：言行造作虚伪。 ⑨莫：没有谁。 ⑩甘辞：甜言蜜语。甘，甜。从：跟随，听从，指听从孔子。 ⑪危冠：高帽子。子路初见孔子时，戴着很高的帽子，配着长剑，对孔子很粗暴，可是后来孔子用礼义教育了他，使他顺从自己，脱了高帽，除掉长剑。 ⑫卫君：指蒯聩（kuǎi kuì），是卫灵公之子卫庄公。他当太子的时候被驱逐，立公子辄为继承人。灵公死后，辄被立为君，蒯聩从晋国回去作乱，并强迫魏大夫孔悝（kuī）协助自己。子路是当时孔悝的家臣，想把孔悝救出而攻打蒯聩，结果被蒯聩杀死。 ⑬菹：菹醢（hǎi），一种酷刑，把人剁成肉酱。 ⑭教：教育。

zhú yú lǔ　xuē jì yú wèi　qióng yú qí　wéi yú chén cài　bù róng shēn yú tiān xià
逐于鲁[1]，削迹于卫，穷于齐[2]，围于陈蔡，不容身于天下。

zǐ zhī dào qǐ zú guì yé　shì zhī suǒ gāo　mò ruò huáng dì　huáng dì shàng bù néng
子之道岂足贵邪？世之所高[3]，莫若黄帝，黄帝尚不能

quán dé　ér zhàn zhuō lù zhī yě　liú xuè bǎi lǐ　yáo bù cí　shùn bù xiào　yǔ
全德[4]，而战涿鹿之野，流血百里。尧不慈[5]，舜不孝[6]，禹

piān kū　tāng fàng qí zhǔ　wǔ wáng fá zhòu　cǐ liù zǐ zhě　shì zhī suǒ gāo yě　shú lùn
偏枯[7]，汤放其主，武王伐纣，此六子者，世之所高也，孰论

zhī　jiē yǐ lì huò qí zhēn ér qiǎng fǎn qí qíng xìng　qí xíng nǎi shèn kě xiū yě　shì
之[8]，皆以利惑其真而强反其情性[9]，其行乃甚可羞也。世

zhī suǒ wèi xián shì　mò ruò bó yí shū qí　bó yí shū qí cí gū zhú zhī jūn ér è
之所谓贤士，莫若伯夷叔齐[10]。伯夷叔齐辞孤竹之君而饿

sǐ yú shǒu yáng zhī shān　gǔ ròu bù zàng　bào jiāo shì xíng fēi shì　bào mù ér sǐ
死于首阳之山[11]，骨肉不葬。鲍焦饰行非世[12]，抱木而死[13]。

shēn tú dí jiàn ér bù tīng　fù shí zì tóu yú hé　wèi yú biē suǒ shí　jiè zǐ tuī zhì
申徒狄谏而不听[14]，负石自投于河，为鱼鳖所食。介子推至

zhōng yě　zì gē qí gǔ yǐ sì wén gōng　wén gōng hòu bèi zhī　zǐ tuī nù ér qù　bào
忠也[15]，自割其股以食文公，文公后背之，子推怒而去，抱

---

①再逐于鲁：鲁昭公时，昭公想除掉季氏的势力，结果失败，出逃到国外。孔子当时站在昭公一边反对季氏，所以也被迫逃跑到齐国去；鲁定公时，孔子为大司寇，参与国政。齐人担心鲁国强大后危及自己，故送女乐给鲁定公及季桓子，使鲁国君臣无心管理国家政事，孔子不得已又逃到卫国去。这是孔子两次被逐的原因（事见《史记·孔子世家》）。再逐，两次被驱逐。 ②削迹于卫：孔子曾到卫国去做官，后怕被人谋害，于是转去陈国。跑到卫国的匡那个地方时，被拘捕，后来设法跑掉。穷于齐：鲁国大乱，孔子跑到齐国去做高昭子的家臣，被齐景公认出来。景公想封尼谿之田给孔子，齐相晏婴不同意，孔子于是又跑回鲁国。削迹，绝迹，表示再也不去。 ③高：高尚，推崇。 ④全德：具有完美的道德。 ⑤慈：慈悲。 ⑥舜不孝：舜不能服侍父母，而且没有禀告父母就自行结婚，也是不孝顺的一种行为。孝，孝顺。 ⑦偏枯：过分劳苦而半身不遂。 ⑧孰：通"熟"，认真。 ⑨惑：迷惑。其真：他们的本性。反：违背。 ⑩伯夷叔齐：孤竹国君之子，互让君位，后一起逃到商地。武王伐纣时，二人当道谏诤，阻止武王，没有被接受。武王灭商后，二人逃到首阳山，不食周粟而死。 ⑪辞：推辞。 ⑫鲍焦：周朝隐士。饰行：粉饰自己的行为。 ⑬木：树。 ⑭申徒狄：商代大臣，听说汤要把天下让给自己，于是投河而死。 ⑮介子推：曾经随晋文公流亡，没有东西吃的时候，他把自己大腿上的肉割下来给文公吃。文公回国后论功行赏，却没有他。他一气之下隐居到绵山不肯出来。文公后想起他，命人放火烧山，想逼迫他出来，结果介子推却抱树被烧死也不出来。

mù ér fán sǐ wěi shēng yǔ nǚ zǐ qī yú liáng xià nǚ zǐ bù lái shuǐ zhì bù
木而燔死[1]。尾生与女子期于梁下[2]，女子不来，水至不
qù bào liáng zhù ér sǐ cǐ liù zǐ zhě wú yì yú zhé quǎn liú shǐ cāo piáo ér qǐ
去，抱梁柱而死。此六子者，无异于磔犬流豕操瓢而乞
zhě jiē lí míng qīng sǐ bù niàn běn yǎng shòu mìng zhě yě shì zhī suǒ wèi zhōng chén
者[3]，皆离名轻死[4]，不念本养寿命者也。世之所谓忠臣
zhě mò ruò wáng zǐ bǐ gān wǔ zǐ xū zǐ xū chén jiāng bǐ gān pōu xīn cǐ èr zǐ
者，莫若王子比干伍子胥。子胥沈江[5]，比干剖心，此二子
zhě shì wèi zhōng chén yě rán zú wéi tiān xià xiào zì shàng guān zhī zhì yú zǐ xū
者，世谓忠臣也，然卒为天下笑[6]。自上观之，至于子胥
bǐ gān jiē bù zú guì yě qiū zhī suǒ yǐ shuì wǒ zhě ruò gào wǒ yǐ guǐ shì zé wǒ
比干，皆不足贵也。丘之所以说我者，若告我以鬼事，则我
bù néng zhī yě ruò gào wǒ yǐ rén shì zhě bù guò cǐ yǐ jiē wú suǒ wén zhī yě jīn
不能知也；若告我以人事者，不过此矣，皆吾所闻知也。今
wú gào zǐ yǐ rén zhī qíng mù yù shì sè ěr yù tīng shēng kǒu yù chá wèi zhì qì yù
吾告子以人之情，目欲视色，耳欲听声，口欲察味，志气欲
yíng rén shàng shòu bǎi suì zhōng shòu bā shí xià shòu liù shí chú bìng yǔ sǐ sàng yōu
盈。人上寿百岁，中寿八十，下寿六十，除病瘐死丧忧
huàn qí zhōng kāi kǒu ér xiào zhě yī yuè zhī zhōng bù guò sì wǔ rì ér yǐ yǐ tiān
患，其中开口而笑者，一月之中不过四五日而已矣。天
yǔ dì wú qióng rén sǐ zhě yǒu shí cāo yǒu shí zhī jù ér tuō yú wú qióng zhī jiān hū
与地无穷，人死者有时，操有时之具而托于无穷之间[7]，忽
rán wú yì qí jì zhī chí guò xì yě bù néng yuè qí zhì yì yǎng qí shòu mìng zhě
然无异骐骥之驰过隙也[8]。不能说其志意[9]，养其寿命者，

①燔：焚烧。②尾生：人名。期：约会。③磔犬：被抛弃在野外的死狗。流豕：漂流在江河里的死猪。④离：通“罹”，遭遇。⑤子胥沈江：子胥，姓伍名员。原楚国人，后投靠吴王夫差。夫差与越王勾践讲和时，伍子胥反对，夫差不听，还赐剑给子胥让他自杀，并用马皮做成猫头鹰形状的袋子，装着子胥的尸体，抛到江水中去。沈通“沉”，沉尸江中。⑥卒：最终。⑦操：拿着，掌握。有时之具：指人的形体，身体。⑧骐骥：良马。隙：缝隙。⑨说：通“悦”，高兴。

jiē fēi tōng dào zhě yě qiū zhī suǒ yán jiē wú zhī suǒ qì yě jí qù zǒu guī wú
皆非通道者也。丘之所言,皆吾之所弃也。亟去走归,无

fù yán zhī zǐ zhī dào kuáng kuáng jí jí zhà qiǎo xū wěi shì yě fēi kě yǐ quán
复言之!子之道,狂狂汲汲①,诈巧虚伪事也,非可以全

zhēn yě xī zú lùn zāi
真也②,奚足论哉!”

kǒng zǐ zài bài qū zǒu chū mén shàng chē zhí pèi sān shī mù máng rán wú
孔子再拜趋走,出门上车,执辔三失③,目芒然无

jiàn sè ruò sǐ huī jù shì dī tóu bù néng chū qì guī dào lǔ dōng mén wài shì
见④,色若死灰,据轼低头⑤,不能出气。归到鲁东门外,适

yù liǔ xià jì liǔ xià jì yuē jīn zhě quē rán shù rì bù jiàn chē mǎ yǒu xíng
遇柳下季⑥。柳下季曰:“今者阙然数日不见⑦,车马有行

sè dé wēi wǎng jiàn zhí yé kǒng zǐ yǎng tiān ér tàn yuē rán liǔ xià jì yuē
色,得微往见跖邪⑧?”孔子仰天而叹曰:“然。”柳下季曰:

zhí dé wú nì rǔ yì ruò qián hū kǒng zǐ yuē rán qiū suǒ wèi wú bìng ér zì jiǔ
“跖得无逆汝意若前乎?”孔子曰:“然。丘所谓无病而自灸

yě jí zǒu liáo hǔ tóu biān hǔ xū jī bù miǎn hǔ kǒu zāi
也⑨,疾走料虎头⑩,编虎须,几不免虎口哉⑪!”

①狂狂:癫狂的样子。汲汲:急于求成的样子。②全真:保全本性。③执辔三失:三次拿马缰绳都拿不稳。说明孔子精神恍惚不定。辔,马缰绳。失,失手。④芒然:怅惘若失的样子。芒通“茫”。⑤轼:车前横木。⑥适:正好。⑦阙然:空落落的样子。阙通“缺”,不在。⑧得微:莫非。⑨无病而自灸:没有病却针灸,意为没事找事自找苦吃。灸,针灸。⑩疾走:快步跑。料:通“撩”,撩拨挑逗。⑪“几不”句:差一点落入虎口,被老虎吃掉啊!孔子比喻自己去见盗跖是送到老虎嘴边了。几,几乎。

shuō jiàn

说剑

（节选）

xī zhào wén wáng xǐ jiàn jiàn shì jiā mén ér kè sān qiān yú rén rì yè xiāng

昔赵文王喜剑[①]，剑士夹门而客三千余人[②]，日夜相

jī yú qián sǐ shāng zhě suì bǎi yú rén hào zhī bù yàn rú shì sān nián guó shuāi zhū

击于前，死伤者岁百余人，好之不厌。如是三年，国衰，诸

hóu móu zhī

侯谋之[③]。

tài zǐ kuī huàn zhī mù zuǒ yòu yuē shú néng shuì wáng zhī yì zhǐ jiàn shì

太子悝患之[④]，募左右曰[⑤]：“孰能说王之意止剑士

zhě cì zhī qiān jīn zuǒ yòu yuē zhuāng zǐ dāng néng

者[⑥]，赐之千金。”左右曰：“庄子当能[⑦]。”

tài zǐ nǎi shǐ rén yǐ qiān jīn fèng zhuāng zǐ zhuāng zǐ fú shòu yǔ shǐ zhě jù

太子乃使人以千金奉庄子。庄子弗受，与使者俱，

wǎng jiàn tài zǐ yuē tài zǐ hé yǐ jiào zhōu cì zhōu qiān jīn tài zǐ yuē wén fū

往见太子曰：“太子何以教周[⑧]，赐周千金？”太子曰：“闻夫

zǐ míng shèng jǐn fèng qiān jīn yǐ bì cóng zhě fū zǐ fú shòu kuī shàng hé gǎn yán

子明圣，谨奉千金以币从者[⑨]。夫子弗受，悝尚何敢言！”

---

①赵文王：即赵惠文王，名何，赵武灵王的儿子。喜剑：喜欢玩弄剑术。 ②夹门而客：剑客们拥围在宫门左右。夹，左右相持或相对。 ③谋之：图谋攻打赵国。之：代词，指赵国。 ④太子悝：惠文王之后为孝成王，名丹，而不是悝。历史上赵国没有名悝的太子，这里应该是寓言，和史实无法对应。患之：即以之为患，担心赵文王因为喜欢斗剑而亡国。患，忧虑，担心。 ⑤募：招募，征求。左右：指身边跟随的人，手下。 ⑥说：说服，劝说。 ⑦庄子：庄周。但近年也有人从本文思想及赵文王、太子悝、庄周等人的活动时间考证结果，认为这里的庄子是指庄辛，下文的周是从前文这里衍伸，疑为后人误改。 ⑧何以：以何，有什么。教：指教。 ⑨币：动词，赠送。

zhuāng zǐ yuē wén tài zǐ suǒ yù yòng zhōu zhě yù jué wáng zhī xǐ hào yě shǐ chén
庄子曰:“闻太子所欲用周者,欲绝王之喜好也[1]。使臣

shàng shuì dà wáng ér nì wáng yì xià bù dāng tài zǐ zé shēn xíng ér sǐ zhōu shàng
上说大王而逆王意[2],下不当太子[3],则身刑而死,周尚

ān suǒ shì jīn hū shǐ chén shàng shuì dà wáng xià dāng tài zǐ zhào guó hé qiú ér bù
安所事金乎[4]?使臣上说大王,下当太子,赵国何求而不

dé yě tài zǐ yuē rán wú wáng suǒ jiàn wéi jiàn shì yě zhuāng zǐ yuē
得也!”太子曰:“然。吾王所见,唯剑士也。”庄子曰:

nuò zhōu shàn wéi jiàn tài zǐ yuē rán wú wáng suǒ jiàn jiàn shì jiē péng tóu tū bìn
“诺。周善为剑。”太子曰:“然吾王所见剑士,皆蓬头突鬓

chuí guān màn hú zhī yīng duǎn hòu zhī yī chēn mù ér yù nàn wáng nǎi yuè zhī
垂冠[5],曼胡之缨[6],短后之衣[7],瞋目而语难[8],王乃说之[9]。

jīn fū zǐ bì rú fú ér jiàn wáng shì bì dà nì zhuāng zǐ yuē qǐng zhì jiàn
今夫子必儒服而见王,事必大逆[10]。”庄子曰:“请治剑

fú zhì jiàn fú sān rì nǎi jiàn tài zǐ tài zǐ nǎi yǔ jiàn wáng wáng tuō bái rèn
服[11]。”治剑服三日,乃见太子。太子乃与见王,王脱白刃

dài zhī zhuāng zǐ rù diàn mén bù qū jiàn wáng bù bài wáng yuē zǐ yù hé
待之[12]。庄子入殿门不趋[13],见王不拜。王曰:“子欲何

yǐ jiāo guǎ rén shǐ tài zǐ xiān yān yuē chén wén dà wáng xǐ jiàn gù yǐ jiàn jiàn
以教寡人[14],使太子先焉[15]?”曰:“臣闻大王喜剑,故以剑见

wáng wáng yuē zǐ zhī jiàn hé néng jìn zhì yuē chén zhī jiàn shí bù yī rén
王[16]。”王曰:“子之剑何能禁制[17]?”曰:“臣之剑,十步一人,

---

①绝:断绝。②使:假如。逆:违背,触犯。③当:合。④事:用。⑤蓬头:头发像蓬草一样松散混乱。突鬓:鬓角卷起。垂冠:帽子低垂,做出随时开始准备斗剑的样子。⑥曼胡之缨:粗实而没有文理的帽带。曼,借为“缦”。缨,系冠的带子。⑦短后之衣:衣服前面长而后面短,这样方便击打。⑧瞋目:瞪大眼睛。语难:言语挑衅,互相诘难质问。这些表现都是准备斗争的样子。⑨说:通“悦”,高兴。⑩逆:违背,拂逆。意为碰壁而无法说服赵王了。⑪治:做。剑服:剑士穿的服装。⑫脱白刃:把雪白的利剑拔出来。⑬殿门:宫殿的大门。趋:快步走。按照古代的礼制,见尊者就要快步走,以表示重视尊重。⑭何以:以何,用什么。⑮使太子先:要通过太子先做介绍呢。⑯剑:剑术。⑰禁制:阻止暴力,克敌制胜。

qiān lǐ bù liú xíng wáng dà yuè zhī yuē tiān xià wú dí yǐ zhuāng zǐ yuē
千里不留行[1]！”王大悦之，曰：“天下无敌矣！”庄子曰：

fú wéi jiàn zhě shì zhī yǐ xū kāi zhī yǐ lì hòu zhī yǐ fā xiān zhī yǐ
“夫为剑者[2]，示之以虚[3]，开之以利[4]，后之以发[5]，先之以

zhì yuàn dé shì zhī wáng yuē fū zǐ xiū jiù shè dài mìng shè xì qǐng fū
至[6]。愿得试之。”王曰：“夫子休就舍[7]，待命设戏请夫

zǐ wáng nǎi jiào jiàn shì qī rì sǐ shāng zhě liù shí yú rén dé wǔ liù rén shǐ
子[8]。”王乃校剑士七日[9]，死伤者六十余人，得五六人，使

fèng jiàn yú diàn xià nǎi zhào zhuāng zǐ wáng yuē jīn rì shì shǐ shì duì jiàn
奉剑于殿下，乃召庄子。王曰：“今日试使士敦剑[10]。”

zhuāng zǐ yuē wàng zhī jiǔ yǐ wáng yuē fū zǐ suǒ yù zhàng cháng duǎn hé
庄子曰：“望之久矣。”王曰：“夫子所御杖[11]，长短何

rú yuē chén zhī suǒ fèng jiē kě rán chén yǒu sān jiàn wéi wáng suǒ yòng qǐng xiān
如？”曰：“臣之所奉皆可[12]。然臣有三剑，唯王所用，请先

yán ér hòu shì wáng yuē yuàn wén sān jiàn yuē yǒu tiān zǐ zhī jiàn yǒu zhū hóu
言而后试。”王曰：“愿闻三剑。”曰：“有天子之剑，有诸侯

zhī jiàn yǒu shù rén zhī jiàn wáng yuē tiān zǐ zhī jiàn hé rú yuē tiān zǐ zhī
之剑，有庶人之剑[13]。”王曰：“天子之剑何如？”曰：“天子之

jiàn yǐ yān xī shí chéng wéi fēng qí dài wéi è jìn wèi wéi jǐ zhōu sòng wéi
剑，以燕谿石城为锋[14]，齐岱为锷[15]，晋卫为脊[16]，周宋为

xín hán wèi wéi jiá bāo yǐ sì yí guǒ yǐ sì shí rào yǐ bó hǎi dài yǐ héng
镡[17]，韩魏为夹[18]；包以四夷，裹以四时，绕以渤海，带以恒

①千里不留行：指所向无敌，行路千里而不能被阻留。 ②为剑：用剑的方法。 ③示之以虚：别人看不到剑运行的痕迹。 ④开之以利：运剑则让人觉得有可乘之机，即诱敌深入。 ⑤后之以发：即以静制动，后出招。 ⑥先之以至：却能够提前击中目标，形容速度快。 ⑦休：休息。 ⑧就舍：住到客舍。设戏：准备试剑比武。 ⑨校：同“较”，指通过较量剑术，以决胜负。 ⑩敦剑：两相比较、对决比剑。敦，借为“对”，对决。 ⑪御杖：指所习惯用的剑。御：持。杖：指剑。 ⑫所奉：平时所拿的剑。 ⑬庶人：百姓，普通人。 ⑭燕谿：地名，在战国时的燕国。石城：塞外山名。锋：刀、剑等有刃的兵器的尖端或锐利部分。 ⑮齐岱：齐国岱宗，即泰山。锷：刀剑的刃。 ⑯晋卫：晋国、卫国。脊：剑背。 ⑰周宋：周国、宋国。镡：剑柄末端的突起部分，状如蕈类，中空，上有孔，吹而有声。 ⑱韩魏：韩国、魏国。夹：通“铗”，剑把。

shān　zhì yǐ wǔ xíng　lùn yǐ xíng dé　kāi yǐ yīn yáng　chí yǐ chūn xià　xíng yǐ
山[1]；制以五行[2]，论以刑德[3]；开以阴阳[4]，持以春夏，行以

qiū dōng　cǐ jiàn　zhí zhī wú qián　jǔ zhī wú shàng　àn zhī wú xià　yùn zhī wú
秋冬[5]。此剑，直之无前，举之无上，案之无下，运之无

páng　shàng jué fú yún　xià jué dì jì　cǐ jiàn yī yòng　kuāng zhū hóu　tiān xià
旁[6]，上决浮云[7]，下绝地纪[8]。此剑一用，匡诸侯[9]，天下

fú yǐ　cǐ tiān zǐ zhī jiàn yě　wén wáng máng rán zì shī　yuē　zhū hóu zhī jiàn hé
服矣。此天子之剑也。”文王芒然自失[10]，曰：“诸侯之剑何

rú　yuē　zhū hóu zhī jiàn　yǐ zhì yǒng shì wéi fēng　yǐ qīng lián shì wéi è　yǐ xián
如？”曰：“诸侯之剑，以知勇士为锋，以清廉士为锷，以贤

liáng shì wéi jǐ　yǐ zhōng shèng shì wéi xín　yǐ háo jié shì wéi jiá　cǐ jiàn　zhí zhī yì
良士为脊，以忠圣士为镡，以豪桀士为夹。此剑，直之亦

wú qián　jǔ zhī yì wú shàng　àn zhī yì wú xià　yùn zhī yì wú páng　shàng fǎ yuán tiān
无前，举之亦无上，案之亦无下，运之亦无旁；上法圆天

yǐ shùn sān guāng　xià fǎ fāng dì yǐ shùn sì shí　zhōng hé mín yì yǐ ān sì xiàng
以顺三光[11]，下法方地以顺四时，中和民意以安四乡。

cǐ jiàn yī yòng　rú léi tíng zhī zhèn yě　sì fēng zhī nèi　wú bù bīn fú ér tīng cóng jūn
此剑一用，如雷霆之震也，四封之内，无不宾服而听从君

mìng zhě yǐ　cǐ zhū hóu zhī jiàn yě　wáng yuē　shù rén zhī jiàn hé rú　yuē　shù
命者矣。此诸侯之剑也。”王曰：“庶人之剑何如？”曰：“庶

rén zhī jiàn　péng tóu tū bìn chuí guān　màn hú zhī yīng　duǎn hòu zhī yī　chēn mù ér yù
人之剑，蓬头突鬓垂冠，曼胡之缨，短后之衣，瞋目而语

nàn　xiāng jī yú qián　shàng zhǎn jǐng lǐng　xià jué gān fèi　cǐ shù rén zhī jiàn　wú yì
难。相击于前，上斩颈领，下决肝肺。此庶人之剑，无异

①带：围系，连带。常山：即恒山，在今河北省正定县北。 ②制：支配。五行：金、木、水、火、土。我国古代称构成各种物质的五种元素，古人常以此说明宇宙万物的起源和变化。 ③论：讲究。刑：刑法。德：恩德，如奖赏、鼓励等。 ④开以阴阳：随阴阳变化而开合。 ⑤“持以”句：运用掌握四季变化的时势。持，掌握。行，运用。 ⑥运之无旁：挥动起来便没有东西能靠近。 ⑦决：裂。 ⑧绝：截断。地纪：神话中维系大地的绳子。 ⑨匡：扶正，纠正。 ⑩芒：通“茫”。 ⑪法：效法。顺：顺应。三光：指日、月、星的三种光亮。

yú dòu jī yī dànmìng yǐ jué yǐ wú suǒ yòng yú guó shì jīn dà wáng yǒu tiān zǐ zhī
于斗鸡，一旦命已绝矣，无所用于国事。今大王有天子之

wèi ér hào shù rén zhī jiàn chén qiè wèi dà wáng bó zhī wáng nǎi qiān ér shàngdiàn
位而好庶人之剑，臣窃为大王薄之[1]。”王乃牵而上殿[2]。

zǎi rén shàng shí wáng sān huán zhī zhuāng zǐ yuē dà wáng ān zuò dìng qì jiàn shì
宰人上食[3]，王三环之[4]。庄子曰：“大王安坐定气，剑事

yǐ bì zòu yǐ yú shì wén wáng bù chū gōng sān yuè jiàn shì jiē fú bì qí chù yě
已毕奏矣[5]。”于是文王不出宫三月，剑士皆服毙其处也[6]。

---

①薄：鄙薄。②牵：带着。指领着庄子。③宰人：掌管国君膳食的官。上食：端上来饭菜。④三环之：绕着桌子转了三圈，表明内心受到震动而难以平静。⑤毕奏：说完了。⑥服毙其处：在居住的地方自杀。服通“伏”，面向下、背朝上俯卧着。